De Digitale Euro: Voor- en Nadelen van CBDC

INHOUDSOPGAVE

I. INLEIDING..3
    Hoofdstuk 1: Waarom de digitale euro een CBDC is...................................4
    Hoofdstuk 2: Overzicht van CBDC's..5
    Hoofdstuk 3: Doel van het boek...7
    Hoofdstuk 4: Korte geschiedenis van CBDC..8

II. WAT IS CBDC?..9
    Hoofdstuk 5: Definitie van CBDC..10
    Hoofdstuk 6: Soorten CBDC...11
    Hoofdstuk 7: Kenmerken van CBDC...14

III. VOORDELEN VAN CBDC..15
    Hoofdstuk 8: Lagere transactiekosten en meer efficiëntie...........................16
    Hoofdstuk 9: Meer financiële inclusie...17
    Hoofdstuk 10: Minder fraude en corruptie..18
    Hoofdstuk 11: Versterkt monetair beleid..19

IV. NADELEN VAN CBDC...20
    Hoofdstuk 12: Bedreiging voor commerciële banken.................................21
    Hoofdstuk 13: Privacy...22
    Hoofdstuk 14: Operationele en technische uitdagingen.............................23
    Hoofdstuk 15: Implementatie- en adoptiekwesties....................................24
    Hoofdstuk 16: Risico's van centralisatie...25

**V. VERGELIJKING VAN CBDC MET ANDERE
BETALINGSSYSTEMEN**..26
    Hoofdstuk 17: Contant geld..27
    Hoofdstuk 18: Traditionele elektronische betaalsystemen.........................28
    Hoofdstuk 19: Cryptocurrencies...29

VI. CASESTUDIES VAN CBDC-IMPLEMENTATIE..................................30
    Hoofdstuk 20: China...31
    Hoofdstuk 21: Zweden..32
    Hoofdstuk 22: Bahama's...33
    Hoofdstuk 23: Nigeria...34

Hoofdstuk 24: Jamaica..35
Hoofdstuk 25: Frankrijk..36

VII. REGELGEVINGSKWESTIES EN UITDAGINGEN........................38
Hoofdstuk 26: Wettelijk en regelgevend kader..39
Hoofdstuk 27: Grensoverschrijdende transacties en interoperabiliteit..........41
Hoofdstuk 28: Internationale samenwerking en coördinatie.........................42

VIII. TOEKOMST VAN CBDC...43
Hoofdstuk 29: Potentiële impact op het wereldwijde financiële systeem.....44
Hoofdstuk 30: Kansen en uitdagingen voor opkomende economieën..........45
Hoofdstuk 31: Kansen en uitdagingen voor geavanceerde economieën.......47
Hoofdstuk 32: Technologische vooruitgang en innovatie.............................49

IX. ANGSTEN..52
Hoofdstuk 33: Angsten van gewone mensen voor CBDC.............................53
Hoofdstuk 34: Zakelijke zorgen over CBDC...55
Hoofdstuk 35: Bezorgdheid van de overheid over CBDC's...........................57

X. CONCLUSIE...59
Hoofdstuk 36: Samenvatting van de belangrijkste punten............................60
Hoofdstuk 37: Implicaties voor beleidsmakers, financiële instellingen en consumenten..61
Hoofdstuk 38: Moet je bang zijn voor CBDC?..62
Hoofdstuk 39: Slotgedachten en aanbevelingen..64

XI. REFERENTIES..65

I. INLEIDING

Hoofdstuk 1: Waarom de digitale euro een CBDC is.

Hoofdstuk 2: Overzicht van CBDC's.

Hoofdstuk 3: Doel van het boek.

Hoofdstuk 4: Korte geschiedenis van CBDC.

Hoofdstuk 1: Waarom de digitale euro een CBDC is

De digitale euro wordt gecategoriseerd als een digitale centralebankvaluta op basis van de volgende criteria:

- **Emittent**: De digitale euro wordt uitgegeven door de Europese Centrale Bank (ECB), wat een belangrijk kenmerk is van de CBDC. Alleen de centrale bank is verantwoordelijk voor de uitgifte en controle.

- **Vorm**: Het is een digitale munt die uitsluitend in elektronische vorm bestaat. In tegenstelling tot contant geld bestaat de digitale euro niet in fysieke vorm.

- **Rol als wettig betaalmiddel**: Het is de bedoeling dat de digitale euro in de landen van de eurozone op gelijke voet met de traditionele euro's als wettig betaalmiddel wordt gebruikt.

- **Waardevastheid**: Net als traditioneel geld behoudt de digitale euro een stabiele waarde die gekoppeld is aan de euro en niet onderhevig is aan de volatiliteit die cryptocurrencies zoals Bitcoin[1] kenmerkt.

De bovengenoemde kenmerken maken de digitale euro tot een typische CBDC, vandaar dat de term CBDC verderop in het boek zal worden gebruikt.

Als De Nederlandsche Bank plotseling besluit om digitale cryptoguldens uit te geven, zal het boek zijn relevantie niet verliezen, omdat de cryptoguldens van De Nederlandsche Bank ook CBDC's zijn.

---

[1] Bitcoin is een digitale valuta die in 2009 werd gecreëerd door een onbekende persoon of groep onder het pseudoniem Satoshi Nakamoto. Bitcoin is een gedecentraliseerde valuta, wat betekent dat het niet wordt gecontroleerd door een centrale autoriteit, zoals een overheid of financiële instelling. Bitcoin werkt op een gedistribueerd grootboek genaamd de blockchain, die alle Bitcoin-transacties bijhoudt.

Hoofdstuk 2: Overzicht van CBDC's

CBDC's zijn er in twee vormen: retail en groothandel.

CBDC's voor de detailhandel zijn bedoeld voor gebruik door het grote publiek en zijn bedoeld als vervanging voor contant geld. Ze worden meestal gebruikt voor alledaagse transacties en kunnen worden bewaard in digitale portemonnees. CBDC's voor de groothandel zijn bedoeld voor gebruik door financiële instellingen en worden gebruikt voor transacties van grote bedragen tussen banken.

Een van de belangrijkste drijfveren voor CBDC's is de toenemende vraag naar digitale betalingen. De opkomst van digitale betalingen heeft geleid tot zorgen over de toekomst van contant geld, en CBDC's worden gezien als een potentiële oplossing voor dit probleem. Daarnaast hebben CBDC's het potentieel om verschillende voordelen te bieden ten opzichte van traditionele betalingssystemen[2], zoals snellere transactiesnelheden, lagere kosten en meer financiële inclusie.

Een andere drijvende kracht achter CBDC's is het potentieel om de effectiviteit van het monetaire beleid te verbeteren. CBDC's zouden centrale banken meer controle kunnen geven over de geldhoeveelheid en een preciezere uitvoering van het monetaire beleid mogelijk kunnen maken. Dit zou kunnen leiden tot stabielere en voorspelbaardere economische resultaten.

Er zijn echter ook verschillende uitdagingen verbonden aan CBDC's. Een van de grootste uitdagingen is ervoor te zorgen dat CBDC's veilig zijn en cyberaanvallen kunnen weerstaan. Daarnaast geven CBDC's aanleiding tot bezorgdheid over privacy en gegevensbescherming, omdat ze centrale banken in staat zouden kunnen stellen transacties te volgen en te controleren. Er is ook bezorgdheid over de mogelijke impact van CBDC's op het financiële systeem, met name over de mogelijkheid dat CBDC's het banksysteem destabiliseren of banken uit de markt halen.

---

[2] Betalingssystemen verwijzen naar het geheel van processen, procedures en technologieën die de overdracht van geld tussen individuen, bedrijven en andere entiteiten mogelijk maken. Deze systemen bieden een manier voor kopers om te betalen voor goederen en diensten en voor verkopers om betaling te ontvangen.

Ondanks deze uitdagingen worden CBDC's onderzocht door centrale banken over de hele wereld, waarbij verschillende landen al CBDC's implementeren of ermee experimenteren. In de volgende hoofdstukken van dit boek wordt dieper ingegaan op de voor- en nadelen van CBDC's en op de uitdagingen en kansen die gepaard gaan met de implementatie ervan.

Hoofdstuk 3: Doel van het boek

In het algemeen is het doel van dit boek om een uitgebreide en evenwichtige analyse te geven van CBDC's, waarbij zowel de potentiële voordelen als de risico's worden onderzocht. Het boek zal dienen als een waardevolle bron van informatie voor iedereen die geïnteresseerd is in het begrijpen van het potentieel van CBDC's en hun potentiële rol in de toekomst van betalingen en het wereldwijde financiële systeem.

Het boek onderzoekt de potentiële voordelen van CBDC's, zoals verhoogde efficiëntie, lagere transactiekosten en verbeterde financiële inclusie. Er wordt ook ingegaan op de uitdagingen die CBDC's met zich meebrengen, zoals operationele en technische uitdagingen, risico's voor de financiële stabiliteit en zorgen over de privacy.

Naast de voor- en nadelen van CBDC's worden CBDC's ook vergeleken met andere betalingssystemen, zoals contant geld, traditionele elektronische betalingssystemen en cryptocurrencies[3]. Dit zal lezers helpen om de unieke kenmerken van CBDC's en hun potentiële rol in de toekomst van betalingen te begrijpen.

Het boek bevat ook casestudies van landen die CBDC's al hebben geïmplementeerd of ermee experimenteren, zoals China, Zweden, Uruguay, de Bahama's, Nigeria, Jamaica, Zuid-Korea en Frankrijk. Deze casestudies zullen de lezers helpen om de praktische uitdagingen en mogelijkheden van de implementatie van CBDC's te begrijpen.

Verder gaat het boek in op de regelgevingskwesties en -uitdagingen in verband met CBDC's, waaronder wet- en regelgevingskaders, grensoverschrijdende transacties en internationale samenwerking en coördinatie.

Tot slot zal het boek ingaan op de mogelijke toekomst van CBDC's, waaronder hun potentiële impact op het mondiale financiële systeem, kansen en uitdagingen voor opkomende economieën, en technologische vooruitgang en innovatie.

---

[3] Cryptocurrencies zijn digitale of virtuele munteenheden die cryptografie gebruiken om transacties te beveiligen en te verifiëren en om de aanmaak van nieuwe eenheden te controleren.

Hoofdstuk 4: Korte geschiedenis van CBDC

Het concept van CBDC is relatief nieuw, maar het heeft zijn wortels in de begindagen van digitale betalingen. De eerste digitale betalingssystemen werden geïntroduceerd in de jaren 1970, met de introductie van elektronische geldoverboekingssystemen (EFT - electronic funds transfer). Met deze systemen konden banken elektronisch geld overmaken, zonder fysieke cheques of contant geld.

In de jaren 1990 leidde de opkomst van het internet en e-commerce tot de ontwikkeling van nieuwe betalingssystemen, zoals PayPal en andere digitale betalingsplatforms. Deze platformen stelden particulieren en bedrijven in staat om digitale betalingen te verrichten met behulp van hun bankrekeningen of creditcards.

De introductie van digitale betalingen leidde echter tot bezorgdheid over de toekomst van contant geld en de rol van centrale banken in de digitale economie. Als gevolg daarvan begonnen centrale banken over de hele wereld het concept van CBDC's te verkennen.

Het eerste land dat het concept van CBDC's serieus onderzocht was Ecuador, dat het idee in 2014 begon te onderzoeken.

In 2015 publiceerde de Bank of England een onderzoeksdocument waarin de potentiële voordelen en risico's van CBDC's werden onderzocht, en in 2016 begon de Bank of Canada de mogelijkheid te onderzoeken om een CBDC uit te geven.

In 2017 kondigde de People's Bank of China aan dat ze de mogelijkheid onderzocht om een digitale versie van de yuan uit te geven. Deze aankondiging wekte wereldwijd interesse en veel andere centrale banken begonnen het concept van CBDC's te onderzoeken.

In 2018 bracht de Bank for International Settlements (BIS) een rapport uit over CBDC's, waarin de potentiële voordelen en risico's van CBDC's werden belicht en richtlijnen werden gegeven voor centrale banken die het concept verkennen.

In 2020 was de Bahama's het eerste land dat een CBDC volledig implementeerde, met de introductie van de Sand Dollar.

II. WAT IS CBDC?

Hoofdstuk 5: Definitie van CBDC.

Hoofdstuk 6: Soorten CBDC.

Hoofdstuk 7: Kenmerken van CBDC.

Hoofdstuk 5: Definitie van CBDC

Central Bank Digital Currency (CBDC) is een digitale vorm van fiat[4] geld dat wordt uitgegeven en ondersteund door een centrale bank. De centrale bank zorgt er ook voor dat de CBDC's hun waarde behouden, net als traditionele fiatvaluta.

In tegenstelling tot cryptocurrencies zijn CBDC's niet gedecentraliseerd[5] en worden ze gecontroleerd door de centrale bank die ze uitgeeft.

In tegenstelling tot traditionele valuta is CBDC digitaal en kan het worden opgeslagen op elektronische apparaten zoals smartphones of computers.

CBDC wordt erkend als wettig betaalmiddel, wat betekent dat het wordt geaccepteerd als een geldig betaalmiddel voor alle schulden, publiek en privaat.

CBDC kan worden gebruikt als instrument voor monetair beleid, waardoor centrale banken rentetarieven, inflatie en andere economische indicatoren gemakkelijker kunnen beheren.

CBDC's zijn ontworpen om te worden gebruikt als betaalmiddel, vergelijkbaar met contant geld of traditionele elektronische betalingen. Ze kunnen worden gebruikt voor aankopen en betalingen, zowel online als in persoon, en kunnen worden overgedragen tussen personen of bedrijven.

---

[4] Fiat geld is een type valuta dat geen intrinsieke waarde heeft en niet gedekt wordt door een fysiek goed zoals goud of zilver. In plaats daarvan wordt het door een overheid tot wettig betaalmiddel verklaard en geaccepteerd als ruilmiddel op basis van vertrouwen in de uitgevende autoriteit. Fiat geld wordt meestal uitgegeven door centrale banken en wordt gebruikt als ruilmiddel voor goederen en diensten binnen een land. De waarde van fiatgeld wordt bepaald door vraag en aanbod en kan worden beïnvloed door een reeks economische en politieke factoren zoals inflatie, rentetarieven en overheidsbeleid.

[5] Gedecentraliseerd verwijst naar een systeem of netwerk dat werkt zonder centrale autoriteit of controle. In plaats daarvan worden de beslissingsbevoegdheid en controle verdeeld over alle deelnemers in het netwerk en worden transacties geverifieerd en gevalideerd door een consensusmechanisme waarbij alle partijen betrokken zijn.

Hoofdstuk 6: Soorten CBDC

CBDC's kunnen worden ingedeeld in verschillende typen, afhankelijk van hun ontwerp en functionaliteit:

- Retail CBDC's zijn ontworpen voor gebruik door het grote publiek, vergelijkbaar met contant geld. Ze worden uitgegeven door de centrale bank en kunnen worden aangehouden en gebruikt door particulieren en bedrijven voor dagelijkse transacties. CBDC's voor de detailhandel kunnen gebaseerd zijn op een rekening of op een token.

- Wholesale CBDC's zijn bedoeld voor gebruik door financiële instellingen, zoals banken, voor interbancaire transacties en settlements. Ze worden uitgegeven door de centrale bank en kunnen alleen worden gebruikt door geautoriseerde financiële instellingen.

- Hybride CBDC's combineren kenmerken van zowel retail als wholesale CBDC's. Ze zijn ontworpen voor gebruik door zowel retail als wholesale CBDC's. Ze zijn ontworpen voor gebruik door zowel particulieren als financiële instellingen voor verschillende soorten transacties. Hybride CBDC's kunnen zowel op rekening als op token gebaseerd zijn.

- Synthetische CBDC's worden niet uitgegeven door de centrale bank, maar worden in plaats daarvan gecreëerd door een particuliere entiteit of consortium, waarbij een mandje activa als onderpand wordt gebruikt. Ze zijn ontworpen om gebruikt te worden als stablecoin[6], met een waarde die gekoppeld is aan een fiatvaluta of een mandje valuta's.

CBDC kunnen ook worden ingedeeld op basis van hun onderliggende technologie:

---

[6] Een stablecoin is een type cryptocurrency dat is ontworpen om een stabiele waarde te behouden ten opzichte van een bepaald actief, zoals een fiatvaluta of een grondstof. Stablecoins worden meestal gedekt door reserves van de onderliggende waarde, die worden bewaard op een effectenrekening of op een blockchain. Deze back-up helpt om de stabiliteit van de waarde van de stablecoin te garanderen en biedt beleggers een betrouwbare en voorspelbare opslagplaats van waarde.

- Blockchain[7]-gebaseerde CBDC's gebruiken gedistribueerde grootboektechnologie (DLT - distributed ledger technology) om transacties vast te leggen en te verifiëren.

- CBDC's zonder blockchain gebruiken andere soorten technologie, zoals een gecentraliseerde database of een hybride model.

Er zijn verschillende soorten CBDC's, waaronder:

- Op rekening gebaseerde CBDC's - Dit zijn CBDC's die gekoppeld zijn aan een specifieke rekening, zoals een bankrekening. Ze kunnen worden overgedragen tussen rekeningen en worden gebruikt om betalingen te doen.

- Op tokens gebaseerde CBDC's - Dit zijn CBDC's die worden uitgegeven als digitale tokens[8]. Ze kunnen worden overgedragen tussen personen of bedrijven en worden gebruikt om betalingen te doen.

Het ontwerp van CBDC's kan ook variëren op basis van hun privacy- en beveiligingskenmerken. CBDC's kunnen anoniem zijn, wat betekent dat de identiteit van de gebruiker niet bekend wordt gemaakt tijdens een transactie, of traceerbaar, wat betekent dat de identiteit van de gebruiker kan worden achterhaald via de transactieregistratie. CBDC's kunnen ook ontworpen worden om verschillende beveiligingsniveaus te hebben, zoals multifactorauthenticatie of biometrische verificatie.

---

[7] Blockchaintechnologie is een gedecentraliseerd digitaal grootboek dat veilige, transparante en fraudebestendige opslag en overdracht van gegevens mogelijk maakt. Het bestaat uit een netwerk van onderling verbonden computers (nodes) die samenwerken om transacties en gegevensinvoer te valideren en vast te leggen op een tijdgebonden, onveranderlijke en onveranderlijke manier. Elk blok in de keten bevat een hash van het vorige blok, waardoor een veilige en transparante keten van blokken ontstaat die een duidelijk controlespoor biedt van alle transacties. Blockchain-technologie wordt vaak geassocieerd met cryptocurrencies, maar het heeft een breed scala aan potentiële toepassingen in verschillende sectoren, waaronder financiën, supply chain management, gezondheidszorg, en nog veel meer.

[8] Digitale tokens zijn waarde-eenheden die worden gecreëerd en beheerd met behulp van blockchaintechnologie. Ze vertegenwoordigen een breed scala aan activa, waaronder virtuele valuta, digitale activa en echte activa. Digitale tokens worden gecreëerd en uitgegeven via initiale muntaanbiedingen (ICO - initial coin offerings) of beveiligingstokenaanbiedingen (STO - security token offerings), en kunnen worden gekocht, verkocht en verhandeld op cryptovalutabeurzen of worden gebruikt als betaalmiddel voor goederen en diensten.

In het algemeen hangt het type CBDC dat een centrale bank uitgeeft af van de specifieke behoeften en doelen van hun economie. De volgende hoofdstukken van dit boek gaan dieper in op de potentiële voordelen en risico's van CBDC's, en op de uitdagingen en kansen die gepaard gaan met de implementatie ervan.

Hoofdstuk 7: Kenmerken van CBDC

CBDC heeft verschillende unieke kenmerken die het onderscheiden van traditionele vormen van geld:

- **Digitaal**: CBDC is een digitale vorm van valuta die elektronisch wordt opgeslagen en overgedragen, waardoor het gemakkelijker te gebruiken en efficiënter is dan fysiek contant geld.

- **Programmeerbaar**: CBDC kan worden ontworpen met programmeerbare functies, waardoor geautomatiseerde slimme contracten[9] en andere toepassingen mogelijk zijn.

- **Interoperabel**: CBDC kan interoperabel zijn met andere betalingssystemen en valuta, waardoor grensoverschrijdende transacties en internationale betalingen mogelijk worden.

- **Traceerbaar**: CBDC kan zo worden ontworpen dat het traceerbaar is, wat zorgt voor meer transparantie en verantwoording bij financiële transacties.

- **Gegevensprivacy**: CBDC kan worden ontworpen met sterke bescherming van de gegevensprivacy, zodat gebruikersgegevens vertrouwelijk en veilig blijven.

- **Veilig**: CBDC kan worden ontworpen met robuuste beveiligingsfuncties, zoals encryptie, multi-factor authenticatie en biometrische verificatie.

---

[9] Slimme contracten zijn zelfuitvoerende digitale contracten die geprogrammeerd zijn om automatisch de voorwaarden van een overeenkomst tussen twee of meer partijen uit te voeren. Ze worden aangedreven door blockchaintechnologie, die een veilige en transparante manier biedt om de voorwaarden van het contract op te slaan en te verifiëren. Smart contracts kunnen worden gebruikt om een breed scala aan bedrijfsprocessen te automatiseren, waaronder financiële transacties, juridische overeenkomsten en supply chain management.

III. VOORDELEN VAN CBDC

Hoofdstuk 8: Lagere transactiekosten en meer efficiëntie.

Hoofdstuk 9: Meer financiële inclusie.

Hoofdstuk 10: Minder fraude en corruptie.

Hoofdstuk 11: Versterkt monetair beleid.

Hoofdstuk 8: Lagere transactiekosten en meer efficiëntie

CBDC kan goedkoper en efficiënter zijn dan traditioneel geld door:

- **Lagere kosten**: CBDC kan de transactiekosten die verbonden zijn aan traditionele betaalmethoden, zoals creditcards, overschrijvingen en postwissels, elimineren of verlagen. Dit kan betalingen betaalbaarder maken, vooral voor kleine transacties.

- **Snellere afwikkeling**: CBDC kan real-time vereffening van betalingen faciliteren, waardoor de tijd en kosten die gepaard gaan met clearing en vereffening van transacties afnemen. Dit kan ook het risico op fraude en fouten verminderen dat gepaard gaat met vertraagde afwikkeling.

- **Lagere infrastructuurkosten**: CBDC kan de behoefte aan fysieke infrastructuur, zoals bankfilialen en geldautomaten, verminderen, waardoor de overheadkosten die gepaard gaan met traditionele bankdiensten dalen.

- **Geautomatiseerde slimme contracten**: CBDC kan worden ontworpen met programmeerbare functies, waardoor geautomatiseerde smart contracts en andere toepassingen mogelijk worden. Dit kan de behoefte aan tussenpersonen, zoals advocaten en makelaars, verminderen, waardoor de transactiekosten dalen.

- **Minder fraude**: CBDC kan worden ontworpen met sterke beveiligingsfuncties, zoals encryptie en biometrische verificatie, waardoor het risico op fraude en cyberaanvallen afneemt. Dit kan de kosten verlagen die gepaard gaan met het opsporen en voorkomen van fraude.

- **Verbeterde administratie**: CBDC kan het bijhouden van gegevens en gegevensbeheer verbeteren, waardoor het makkelijker wordt om financiële transacties te volgen en te traceren. Dit kan de efficiëntie van audits, naleving en regelgevende processen verbeteren.

- **Minder papierwerk**: CBDC kan de behoefte aan papierwerk en fysieke documentatie in verband met traditionele financiële transacties verminderen, waardoor de efficiëntie van administratieve processen verbetert.

Hoofdstuk 9: Meer financiële inclusie

Een van de belangrijkste voordelen van CBDC's is dat ze de financiële inclusie kunnen vergroten. Zoals eerder vermeld, hebben miljoenen mensen over de hele wereld nog steeds geen toegang tot formele financiële diensten. CBDC's kunnen deze kloof helpen overbruggen door een goedkope en toegankelijke manier te bieden om toegang te krijgen tot financiële diensten. Met CBDC's hoeven mensen niet meer afhankelijk te zijn van banken of andere financiële instellingen om hun geld op te slaan en er toegang toe te krijgen, waardoor financiële diensten toegankelijker worden voor een groter aantal mensen.

Daarnaast kunnen CBDC's zo worden ontworpen dat ze inclusiever en toegankelijker zijn voor mensen die van oudsher zijn uitgesloten van het formele financiële systeem. CBDC's kunnen bijvoorbeeld gebruiksvriendelijker worden gemaakt voor mensen die niet vertrouwd zijn met traditionele bankdiensten, zoals mensen op het platteland of in gemeenschappen met een laag inkomen. CBDC's kunnen ook inclusiever worden gemaakt voor mensen met een handicap, bijvoorbeeld door toegankelijkheidsfuncties zoals tekst-naar-spraak of audiobeschrijvingen in te bouwen.

Bovendien kunnen CBDC's helpen om de financiële stabiliteit te bevorderen en het risico op financiële crises te verkleinen. Bij traditionele valuta spelen banken en andere financiële instellingen een centrale rol in het financiële systeem, wat potentiële risico's en kwetsbaarheden met zich meebrengt. CBDC's daarentegen kunnen een veiligere en stabielere vorm van valuta bieden die direct wordt gesteund door de centrale bank, waardoor het risico van bankruns of andere financiële crises afneemt.

Tot slot kunnen CBDC's overheden meer inzicht geven in de economie, waardoor een efficiënter en effectiever monetair beleid mogelijk wordt. CBDC's kunnen centrale banken helpen om beter te begrijpen hoe geld wordt gebruikt, waar het wordt uitgegeven en hoe het door de economie stroomt, waardoor meer gerichte en effectieve beleidsinterventies mogelijk zijn.

Hoofdstuk 10: Minder fraude en corruptie

Een van de belangrijkste voordelen van CBDC's is dat ze fraude en corruptie kunnen terugdringen. Traditioneel geld kan gemakkelijk worden vervalst en transacties kunnen moeilijk te traceren zijn, waardoor het een aantrekkelijk doelwit is voor criminelen en fraudeurs. CBDC's daarentegen zijn ontworpen om zeer veilig en moeilijk te vervalsen te zijn, waardoor ze minder gevoelig zijn voor fraude en corruptie.

CBDC's kunnen ook zo worden ontworpen dat ze zeer goed traceerbaar zijn, waardoor het voor wetshandhavingsinstanties makkelijker wordt om verdachte transacties op te sporen en te onderzoeken. Door alle transacties gedetailleerd bij te houden op de blockchain, kunnen CBDC's het criminelen veel moeilijker maken om hun activiteiten te verbergen en kunnen ze wetshandhavers waardevol bewijs leveren in gevallen van fraude, witwassen en andere financiële misdrijven.

Bovendien kunnen CBDC's worden ontworpen met geavanceerde beveiligingsfuncties zoals biometrische authenticatie, die het risico op identiteitsdiefstal en andere vormen van fraude aanzienlijk kunnen verminderen. Biometrische verificatie kan ervoor zorgen dat alleen bevoegde personen CBDC's kunnen openen en gebruiken, waardoor het voor fraudeurs veel moeilijker wordt om digitale valuta te stelen of te misbruiken.

Een ander voordeel van CBDC's is dat ze corruptie kunnen helpen verminderen door meer transparantie en verantwoording te bieden bij financiële transacties. CBDC's kunnen worden ontworpen met geavanceerde controlefuncties, die ervoor kunnen zorgen dat alle transacties goed worden geregistreerd en verantwoord. Dit kan het voor corrupte ambtenaren veel moeilijker maken om overheidsgeld over te hevelen of andere vormen van financieel wangedrag te plegen.

Tot slot kunnen CBDC's helpen om financiële inclusie te bevorderen en het risico op financiële uitsluiting te verminderen. Door een veilige en toegankelijke manier te bieden om toegang te krijgen tot financiële diensten, kunnen CBDC's helpen om meer mensen in het formele financiële systeem te brengen, waardoor het risico op financiële uitsluiting en de daarmee gepaard gaande sociale en economische kosten afnemen.

Hoofdstuk 11: Versterkt monetair beleid

Een van de belangrijkste voordelen van CBDC's is dat ze het monetaire beleid kunnen versterken. CBDC's kunnen centrale banken meer controle geven over de geldhoeveelheid, waardoor ze gemakkelijker monetair beleid kunnen voeren en beheren.

Centrale banken zouden CBDC's bijvoorbeeld kunnen gebruiken om negatieve rentetarieven in te voeren, wat de economische groei kan stimuleren door consumenten en bedrijven aan te moedigen meer geld uit te geven. Negatieve rentetarieven brengen consumenten en bedrijven daadwerkelijk kosten in rekening voor het aanhouden van geld op spaarrekeningen, waardoor ze gestimuleerd worden om hun geld in plaats daarvan uit te geven of te investeren. Door negatieve rentetarieven in te voeren via CBDC's zouden centrale banken de geldhoeveelheid gemakkelijker en effectiever kunnen controleren en de economische activiteit stimuleren.

CBDC's kunnen centrale banken ook meer flexibiliteit bieden bij het uitvoeren van monetair beleid. Traditionele monetaire beleidsinstrumenten zoals renteaanpassingen kunnen tijd nodig hebben om effect te hebben op de economie. CBDC's kunnen daarentegen zo worden ontworpen dat ze responsiever en dynamischer zijn, waardoor centrale banken de geldhoeveelheid snel kunnen aanpassen als reactie op veranderende economische omstandigheden.

Bovendien kunnen CBDC's het risico van bankruns in tijden van financiële crisis helpen verminderen. In een traditioneel banksysteem kunnen klanten in tijden van economische onzekerheid massaal hun deposito's opnemen, wat leidt tot een liquiditeitscrisis voor de bank. CBDC's kunnen een stabieler en veiliger alternatief bieden, waarbij consumenten hun geld rechtstreeks bij de centrale bank kunnen opslaan, in plaats van afhankelijk te zijn van commerciële banken.

Tot slot kunnen CBDC's helpen om het risico van valutaschommelingen en volatiliteit van de wisselkoers te verminderen. Door een stabiele en veilige vorm van digitale valuta aan te bieden, kunnen CBDC's het risico op valutaschommelingen verkleinen en zorgen voor meer financiële stabiliteit. Dit kan vooral belangrijk zijn voor landen met volatiele valuta of instabiele financiële systemen.

IV. NADELEN VAN CBDC

Hoofdstuk 12: Bedreiging voor commerciële banken.

Hoofdstuk 13: Privacy.

Hoofdstuk 14: Operationele en technische uitdagingen.

Hoofdstuk 15: Implementatie- en adoptiekwesties.

Hoofdstuk 16: Risico's van centralisatie.

Hoofdstuk 12: Bedreiging voor commerciële banken

Hoewel CBDC's veel potentiële voordelen bieden ten opzichte van traditionele valuta, kleven er ook enkele potentiële nadelen aan. Een belangrijk punt van zorg is dat de wijdverspreide invoering van CBDC's een bedreiging zou kunnen vormen voor het bestaan van commerciële banken, omdat de vraag naar traditionele bankdiensten zou kunnen afnemen.

CBDC's zijn ontworpen om zeer veilig en gebruiksvriendelijk te zijn, waardoor ze een aantrekkelijk alternatief vormen voor traditionele bankdiensten. Consumenten zouden hun geld rechtstreeks bij de centrale bank kunnen opslaan, in plaats van afhankelijk te zijn van commerciële banken om hun deposito's op te slaan. Dit zou kunnen leiden tot een significante afname van de vraag naar commerciële bankdiensten, omdat consumenten en bedrijven steeds meer gebruik gaan maken van CBDC's als een veiligere en betrouwbaardere vorm van digitale valuta.

Dit zou een aanzienlijke bedreiging kunnen vormen voor de levensvatbaarheid van commerciële banken, aangezien zij afhankelijk zijn van deposito's van klanten om hun kredietactiviteiten te financieren. Als klanten massaal hun deposito's beginnen op te nemen en deze opslaan in CBDC's, zou dit kunnen leiden tot een aanzienlijke vermindering van de hoeveelheid geld die commerciële banken kunnen uitlenen. Dit zou op zijn beurt kunnen leiden tot een inkrimping van de kredietverleningsactiviteit, wat negatieve gevolgen zou kunnen hebben voor de economische groei.

Bovendien zouden CBDC's ook een bedreiging kunnen vormen voor de betalingsverwerkingsindustrie. Omdat CBDC's ontworpen zijn om zeer efficiënt en kosteneffectief te zijn, zouden ze mogelijk traditionele betalingsverwerkingssystemen kunnen vervangen, zoals creditcardnetwerken, overboekingsdiensten en andere betalingsverwerkers. Dit zou negatieve gevolgen kunnen hebben voor de bedrijven die deze diensten leveren, omdat ze niet langer nodig zouden zijn in een wereld waarin CBDC's de primaire vorm van digitale valuta zijn.

Hoofdstuk 13: Privacy

Een van de grootste zorgen in verband met de implementatie van CBDC is privacy. CBDC's zijn digitale munteenheden die gemakkelijk gevolgd en getraceerd kunnen worden door centrale autoriteiten, waardoor overheden mogelijk ongekende toegang krijgen tot financiële gegevens. Hoewel dit verhoogde toezicht een aantal voordelen kan hebben, roept het ook aanzienlijke zorgen op over privacy en burgerlijke vrijheden.

CBDC's zijn ontworpen om zeer veilig en efficiënt te zijn, wat betekent dat elke transactie wordt vastgelegd in een centraal grootboek, waardoor het voor overheden makkelijker wordt om financiële activiteiten te volgen. Hoewel dit gunstig kan zijn bij het voorkomen van fraude en witwaspraktijken, betekent het ook dat de overheid toegang krijgt tot gedetailleerde informatie over elke transactie die plaatsvindt. Dit niveau van toezicht kan verontrustend zijn voor mensen die waarde hechten aan hun privacy en niet willen dat hun financiële activiteiten door de overheid in de gaten worden gehouden.

Bovendien zouden overheden CBDC's kunnen gebruiken om meer controle over financiële transacties op te leggen. Overheden zouden bijvoorbeeld grenzen kunnen stellen aan de hoeveelheid geld die particulieren of bedrijven mogen aanhouden, of zelfs transacties kunnen blokkeren die als illegaal of ongewenst worden beschouwd. Dit zou een inbreuk kunnen vormen op individuele vrijheden en de financiële flexibiliteit kunnen beperken.

Een ander probleem is dat de implementatie van CBDC's het makkelijker zou kunnen maken voor cybercriminelen om toegang te krijgen tot gevoelige financiële gegevens. Als het centrale grootboek niet veilig is, kunnen hackers toegang krijgen tot gevoelige financiële gegevens, waardoor personen en bedrijven het risico lopen op financiële fraude en identiteitsdiefstal.

Bovendien zouden CBDC's de financiële ongelijkheid kunnen vergroten. Mensen die geen toegang hebben tot digitale apparaten of betrouwbare internetverbindingen zouden niet kunnen deelnemen aan de digitale economie, waardoor mensen die al economisch achtergesteld zijn nog verder gemarginaliseerd zouden worden.

Hoofdstuk 14: Operationele en technische uitdagingen

Hoewel CBDC veel potentiële voordelen biedt ten opzichte van traditionele valuta, brengt het ook verschillende operationele en technische uitdagingen met zich mee. De implementatie van een CBDC vereist een aanzienlijke investering in infrastructuur en technologie, evenals een zorgvuldige afweging van verschillende operationele factoren.

Een van de belangrijkste uitdagingen bij de implementatie van een CBDC is het opzetten en onderhouden van een veilige en betrouwbare digitale infrastructuur. De digitale infrastructuur moet zo worden ontworpen dat de veilige opslag en overdracht van geld wordt gegarandeerd, terwijl ook grote transactievolumes efficiënt kunnen worden verwerkt.

Een andere uitdaging is de integratie van CBDC's met bestaande betalingssystemen. De implementatie van CBDC's zou aanzienlijke veranderingen in betalingssystemen vereisen om de nieuwe valuta te kunnen verwerken, wat zou kunnen leiden tot technische problemen en operationele inefficiënties. Er moet worden gezorgd voor interoperabiliteit van de CBDC met de bestaande betalingssystemen om soepele en naadloze transacties te garanderen.

Bovendien vereist de implementatie van CBDC's een aanzienlijke investering in de ontwikkeling van regelgevingskaders en rechtskaders. Er moeten duidelijke regels en voorschriften zijn voor het gebruik van CBDC's, die ervoor zorgen dat ze voor legitieme doeleinden worden gebruikt en geen illegale activiteiten zoals het witwassen van geld of de financiering van terrorisme bevorderen. Duidelijke wettelijke kaders zouden ook een rechtsgrondslag bieden voor geschillenbeslechting, fraudepreventie en compensatie voor verliezen.

Ten slotte vereist de implementatie van CBDC's vertrouwen van het publiek. CBDC's kunnen alleen op grote schaal worden ingevoerd als het publiek vertrouwen heeft in de veiligheid, betrouwbaarheid en gebruiksvriendelijkheid ervan. Het publiek moet er ook op vertrouwen dat de centrale bank hun geld veilig stelt en misbruik van hun financiële gegevens voorkomt.

Hoofdstuk 15: Implementatie- en adoptiekwesties

Een van de belangrijkste uitdagingen bij de implementatie van CBDC's is de coördinatie en samenwerking tussen verschillende belanghebbenden. De implementatie van CBDC's vereist de betrokkenheid van verschillende belanghebbenden, waaronder centrale banken, commerciële banken, betalingsdienstaanbieders, regelgevende instanties en andere financiële instellingen. Het waarborgen van effectieve coördinatie en samenwerking tussen deze belanghebbenden is essentieel voor een succesvolle implementatie van CBDC's.

Een andere uitdaging is de standaardisatie van CBDC's. Standaardisatie van CBDC's is essentieel om de interoperabiliteit en compatibiliteit met bestaande betalingssystemen te waarborgen. Standaardisatie zou ook helpen om grensoverschrijdende transacties te vergemakkelijken en de algehele efficiëntie te verbeteren. Het bereiken van een consensus over normen en protocollen zou echter een uitdaging kunnen zijn, omdat verschillende jurisdicties verschillende vereisten en voorkeuren kunnen hebben.

Bovendien is de acceptatie van CBDC's door het publiek en het bedrijfsleven een andere belangrijke uitdaging. Het succes van CBDC's hangt af van hun brede acceptatie door het publiek en het bedrijfsleven. Het kan echter moeilijk zijn om dit te bereiken, vooral in regio's waar contant geld nog veel wordt gebruikt. Daarnaast zijn veel mensen huiverig voor nieuwe technologieën, vooral als het gaat om financiële transacties.

Een andere uitdaging is de integratie van CBDC's met andere betalingssystemen. CBDC's moeten worden geïntegreerd met bestaande betalingssystemen, waaronder digitale portemonnees en mobiele betalingsplatforms. Deze integratie vereist aanzienlijke investeringen in infrastructuur en technologie, evenals nauwe samenwerking met betalingsdienstaanbieders en andere financiële instellingen.

Tot slot zou de implementatie van CBDC's een aanzienlijke impact kunnen hebben op de financiële sector, waaronder commerciële banken en andere financiële instellingen. CBDC's zouden een bedreiging kunnen vormen voor de bedrijfsmodellen van commerciële banken doordat hun rol in het betalingssysteem kleiner wordt en de concurrentie toeneemt. Dit zou kunnen leiden tot banenverlies en aanzienlijke verstoringen van de financiële sector.

Hoofdstuk 16: Risico's van centralisatie

Een van de potentiële nadelen van CBDC's is het risico van centralisatie. CBDC's zijn ontworpen om uitgegeven en gecontroleerd te worden door centrale banken, waardoor ze aanzienlijke controle kunnen krijgen over het financiële systeem. Hoewel centralisatie een aantal voordelen kan hebben, brengt het ook een aantal risico's met zich mee waar beleidsmakers rekening mee moeten houden bij het ontwerpen en implementeren van CBDC's.

Een van de primaire risico's van centralisatie is de kans op machtsmisbruik. Centrale banken kunnen hun controle over CBDC's gebruiken om de economie of de financiële markten te beïnvloeden of te manipuleren. Ze zouden CBDC's bijvoorbeeld kunnen gebruiken om de waarde van de valuta kunstmatig te verhogen of te verlagen, wat aanzienlijke negatieve gevolgen zou kunnen hebben voor bedrijven en personen.

Een ander risico is de mogelijkheid van datalekken of cyberaanvallen. CBDC's zijn digitale valuta die worden opgeslagen in gecentraliseerde databases. Deze gecentraliseerde opslag creëert een single point of failure dat het doelwit kan zijn van cybercriminelen. Een succesvolle aanval kan resulteren in het verlies van aanzienlijke hoeveelheden vermogen en kan ernstige economische gevolgen hebben.

Centralisatie creëert ook een risico op discriminatie. Centrale banken kunnen CBDC's gebruiken om transacties te monitoren en te controleren, wat zou kunnen leiden tot discriminatie van bepaalde personen of groepen. Centrale banken zouden CBDC's bijvoorbeeld kunnen gebruiken om het uitgavengedrag van individuen te volgen of om transacties te weigeren aan individuen op basis van hun kredietwaardigheid of andere factoren.

Bovendien zou centralisatie een risico op systeemfalen kunnen creëren. Centrale banken zijn verantwoordelijk voor het handhaven van de stabiliteit van het financiële systeem. De gecentraliseerde controle van CBDC's kan echter het risico op een systeemfalen in het geval van een crisis verhogen. Als het gecentraliseerde systeem zou falen, zou dat aanzienlijke negatieve gevolgen kunnen hebben voor de economie en het financiële systeem.

V. VERGELIJKING VAN CBDC MET ANDERE BETALINGSSYSTEMEN

Hoofdstuk 17: Contant geld.

Hoofdstuk 18: Traditionele elektronische betaalsystemen.

Hoofdstuk 19: Cryptocurrencies.

Hoofdstuk 17: Contant geld

Contant geld is al eeuwenlang het traditionele betaalmiddel. Het is algemeen aanvaard, gemakkelijk overdraagbaar en vereist geen technische infrastructuur. Met de opkomst van digitale betalingen neemt het gebruik van contant geld echter af.

Een van de belangrijkste voordelen van contant geld is dat het anoniem is. Transacties met contant geld worden niet geregistreerd en de identiteit van de betaler wordt niet bekendgemaakt. Deze anonimiteit biedt een zekere mate van privacy, die voor sommige gebruikers belangrijk is. CBDC's daarentegen zijn waarschijnlijk volledig traceerbaar en de identiteit van de betaler is bekend. Dit gebrek aan privacy kan een nadeel zijn voor sommige gebruikers die waarde hechten aan hun privacy.

Een ander voordeel van contant geld is dat het algemeen geaccepteerd wordt. Het wordt door bijna alle winkeliers geaccepteerd en wordt gebruikt voor alledaagse transacties. CBDC's bevinden zich nog in de ontwikkelingsfase en het kan nog wel even duren voordat ze algemeen geaccepteerd worden.

Contant geld is ook een betrouwbaar betaalmiddel. Het is niet afhankelijk van de beschikbaarheid van technische infrastructuur en er is geen risico op technische storingen. CBDC's daarentegen zijn afhankelijk van technische infrastructuur en er bestaat een risico op technische storingen of cyberaanvallen, waardoor het betalingssysteem zou kunnen worden verstoord.

Een ander voordeel van contant geld is dat je er geen bankrekening voor nodig hebt. Iedereen kan contant geld gebruiken, of ze nu een bankrekening hebben of niet. Daarentegen zullen CBDC's waarschijnlijk gekoppeld zijn aan een bankrekening of een vorm van digitale portemonnee, waardoor mensen die geen toegang hebben tot deze diensten uitgesloten kunnen worden.

Ten slotte biedt contant geld een zekere mate van financiële onafhankelijkheid. Het wordt niet gecontroleerd door een centrale autoriteit en kan zonder beperkingen worden gebruikt. CBDC's daarentegen worden waarschijnlijk uitgegeven en gecontroleerd door centrale banken, die beperkingen kunnen opleggen aan het gebruik ervan.

Hoofdstuk 18: Traditionele elektronische betaalsystemen

Traditionele elektronische betaalsystemen zoals credit- en debetkaarten, bankoverschrijvingen en e-wallets worden al enkele jaren op grote schaal gebruikt. Deze betaalsystemen zijn geavanceerder geworden met de ontwikkeling van de technologie en ze bieden verschillende voordelen ten opzichte van contant geld.

Een van de belangrijkste voordelen van traditionele elektronische betaalsystemen is hun gemak. Ze stellen gebruikers in staat om snel en gemakkelijk betalingen te verrichten, zonder dat ze fysiek contant geld nodig hebben. Voor CBDC's kan daarentegen aanvullende technische infrastructuur nodig zijn, zoals digitale portemonnees of mobiele apps, wat het gemak ervan kan beperken.

Een ander voordeel van traditionele elektronische betalingssystemen is hun interoperabiliteit. Ze kunnen worden gebruikt voor grensoverschrijdende betalingen en betalingen tussen verschillende betalingssystemen, waardoor ze een nuttig instrument zijn voor internationale handel en commercie. CBDC's daarentegen worden waarschijnlijk uitgegeven en gecontroleerd door individuele centrale banken, wat hun interoperabiliteit kan beperken.

Traditionele elektronische betaalsystemen worden ook algemeen aanvaard door handelaars en zijn een standaardonderdeel van de betalingsinfrastructuur. Deze wijdverspreide acceptatie betekent dat gebruikers zich geen zorgen hoeven te maken over de vraag of een bepaalde handelaar een bepaald betalingssysteem accepteert. Bij CBDC's kan het daarentegen enige tijd duren voordat ze algemeen geaccepteerd worden en is er mogelijk extra technische infrastructuur nodig.

Tot slot zijn traditionele elektronische betalingssystemen vertrouwd voor gebruikers en worden ze al een aantal jaren gebruikt. Deze vertrouwdheid betekent dat gebruikers deze betalingssystemen eerder zullen vertrouwen en ze met vertrouwen zullen gebruiken. CBDC's daarentegen zijn een relatief nieuw concept, en gebruikers kunnen aarzelen om ze te gebruiken totdat ze er meer vertrouwd mee zijn.

Hoofdstuk 19: Cryptocurrencies

Een van de belangrijkste voordelen van cryptocurrencies is hun decentralisatie. Ze worden niet gecontroleerd door een centrale autoriteit, zoals een overheid of een centrale bank, waardoor ze immuun zijn voor interventie van de overheid of banken.

Cryptocurrencies bieden gebruikers ook anonimiteit en privacy. Transacties worden geregistreerd in een openbaar grootboek, maar de identiteit van de partijen die betrokken zijn bij de transactie wordt niet onthuld. Deze anonimiteit maakt cryptocurrencies een populaire keuze voor mensen die waarde hechten aan hun privacy. CBDC's kunnen daarentegen onderworpen zijn aan strengere regels en bieden mogelijk niet hetzelfde niveau van anonimiteit.

Een ander voordeel van cryptocurrencies is hun wereldwijde bereik. Ze kunnen worden gebruikt om grensoverschrijdende betalingen te doen zonder dat er valuta hoeft te worden omgewisseld of dat er tussenpersonen bij betrokken zijn. CBDC's kunnen daarentegen beperkt zijn tot een specifieke jurisdictie of valutazone.

Cryptocurrencies bieden ook een hoge mate van veiligheid. Ze maken gebruik van geavanceerde cryptografie om transacties te beschermen tegen fraude en diefstal, en door hun gedecentraliseerde aard zijn ze moeilijk te hacken of te manipuleren.

Maar cryptocurrencies hebben ook een aantal nadelen. Ze zijn onderhevig aan hoge volatiliteit, waardoor ze een riskante beleggingsoptie zijn. Hun anonimiteit maakt ze ook aantrekkelijk voor criminele activiteiten, zoals het witwassen van geld en de financiering van terrorisme.

Bovendien kan hun gebrek aan regelgeving en rechtskader hun acceptatie door handelaren en financiële instellingen beperken.

CBDC's zijn daarentegen waarschijnlijk onderworpen aan strengere regelgeving en bieden mogelijk een hoger niveau van veiligheid en stabiliteit. Ze worden mogelijk ook breder geaccepteerd door handelaren en financiële instellingen vanwege hun steun van de centrale bank en het wettelijke kader.

VI. CASESTUDIES VAN CBDC-IMPLEMENTATIE

Hoofdstuk 20: China.

Hoofdstuk 21: Zweden.

Hoofdstuk 22: Bahama's.

Hoofdstuk 23: Nigeria.

Hoofdstuk 24: Jamaica.

Hoofdstuk 25: Frankrijk.

Hoofdstuk 20: China

China is een van de pioniers in het ontwikkelen en implementeren van een CBDC, genaamd Digital Currency Electronic Payment (DCEP). Het DCEP proefprogramma werd gelanceerd in 2020 en is sindsdien geleidelijk uitgebreid naar meer regio's in het land.

De DCEP is ontworpen om te functioneren als een digitale versie van de Chinese yuan (e-CNY), en is bedoeld om peer-to-peer transacties te vergemakkelijken en de afhankelijkheid van contant geld en andere vormen van fysieke valuta te verminderen.

In 2021 accepteren tienduizenden winkels en bedrijven e-CNY. Langeafstandstransfers worden getest. Geldautomaten in China kunnen vreemde valuta accepteren en omzetten in digitale yuan, waarbij direct een plastic kaart en een elektronische rekening worden uitgegeven om deze te gebruiken.

Begin 2022 hebben 140 miljoen gebruikers een portemonnee met e-CNY geopend en voor $10 miljard aan transacties gedaan. Er zijn 10 miljoen bedrijfsrekeningen geopend. 1,5 miljoen ondernemers zijn klaar om betalingen in digitale yuan te accepteren.

Proeven met de e-CNY in de eerste helft van 2022, bijvoorbeeld als betaalmiddel tijdens de Olympische Spelen in Beijing, waren indrukwekkend succesvol.

Vanaf 2023 is de DCEP in grote mate uitgerold, waarbij rapporten suggereren dat het op grote schaal wordt gebruikt door Chinese burgers voor verschillende soorten transacties.

De officiële lanceerdatum is nog niet bekend gemaakt, dus de Chinese CBDC (DCEP) bevindt zich nog in een proefversie.

Wel gebruiken 31 provincies/autonome regio's de digitale yuan. 5 miljoen ondernemers accepteren het als betaalmiddel. Consumenten hebben 260 miljoen transacties gedaan.

Hoofdstuk 21: Zweden

Zweden is een van de landen met het laagste gebruik van contant geld ter wereld, wat het voor het land gemakkelijker maakte om een e-krona te ontwikkelen. De Zweedse Riksbank voert van februari 2020 tot februari 2021 een proefproject met digitale valuta uit.

De Zweedse centrale bank, Riksbank, onderzoekt de mogelijkheid om een e-krona uit te geven, een digitale versie van de munteenheid van het land. In 2017 lanceerde de Riksbank een proefprogramma om de haalbaarheid van een e-krona te testen en in 2020 bracht de bank een rapport uit over de mogelijke implementatie van een e-krona.

De volgende fase van het e-krona-project van de Riksbank in 2023 zal verschillende activiteiten omvatten, waaronder:

- Het onderzoeken van de impact van een e-krona op de Zweedse economie.

- Het testen van de technische infrastructuur voor de e-krona, met de nadruk op offline betalingen en duurzaamheid.

- Onderzoeken of en hoe de invoering van een e-krona van invloed zou zijn op het bestaande mandaat van de Riksbank en bepalen welke wetswijzigingen nodig zijn opdat de Riksbank een e-krona kan uitgeven.

- Een dialoog aangaan met verschillende belanghebbenden, zoals andere autoriteiten en de markt, via het externe dialoogforum dat in 2022 is opgericht.

- Het uitvoeren van gebruikersstudies gericht op zowel eindgebruikers als handelaren.

- Voorbereidingen treffen voor de mogelijke aanschaf van een uitgeefbare e-krona.

Hoofdstuk 22: Bahama's

De Bahama's is een kleine eilandnatie in het Caribisch gebied die onlangs een CBDC heeft geïmplementeerd, de Sand Dollar. De Sand Dollar is gekoppeld aan de Bahamadollar, die op zijn beurt gekoppeld is aan de Amerikaanse dollar, en is de eerste CBDC ter wereld.

De Sand Dollar werd gelanceerd in oktober 2020 en is ontworpen om een veilig en efficiënt betalingssysteem te bieden dat toegankelijk is voor alle leden van de samenleving. De Centrale Bank van de Bahama's (CBOB) heeft benadrukt dat de Sand Dollar niet bedoeld is om contant geld te vervangen, maar eerder om het aan te vullen door een digitale betaalmogelijkheid te bieden die veilig en gemakkelijk is.

Een van de belangrijkste redenen voor de invoering van de Sand Dollar is het vergroten van de financiële inclusie. Op de Bahama's wordt veel contant geld gebruikt en veel mensen hebben geen toegang tot traditionele bankdiensten. De Sand Dollar is ontworpen om een veilig en efficiënt betalingssysteem te bieden dat toegankelijk is voor alle leden van de samenleving, met inbegrip van degenen die niet bediend worden door traditionele financiële instellingen.

Een andere reden voor de invoering van de Sand Dollar is het terugdringen van de kosten en risico's die gepaard gaan met contante transacties. De CBOB schat dat contante transacties het land jaarlijks ongeveer 60 miljoen dollar kosten aan verwerkings-, opslag- en beveiligingskosten. De Sand Dollar is ontworpen om deze kosten te verminderen en het land een efficiënter betalingssysteem te bieden.

De implementatie van de Sand Dollar is niet zonder uitdagingen geweest. De CBOB moest de zorgen wegnemen over de privacy en veiligheid van gebruikers, evenals de zorgen over de impact op de traditionele banksector. De CBOB heeft benadrukt dat de Sand Dollar bedoeld is als aanvulling op traditionele bankdiensten en niet ter vervanging daarvan.

Al met al is de invoering van de Sand Dollar op de Bahama's een belangrijke mijlpaal in de ontwikkeling van CBDC's.

Hoofdstuk 23: Nigeria

Nigeria is een groot land in West-Afrika met meer dan 200 miljoen inwoners. In Nigeria wordt veel contant geld gebruikt. In februari 2021 lanceerde de Centrale Bank van Nigeria (CBN) het veelgeprezen eNaira, het eerste CBDC op het Afrikaanse continent.

Hoewel eNaira een pilot is, staat het volledig open voor het publiek, hoewel het aanvankelijk alleen beschikbaar was voor houders van een bankrekening. Volgens Nigerian BusinessDay zijn er op dit moment slechts 80 verkopers actief, vanwege een gebrek aan vraag.

Wat betreft de resultaten van de implementatie, is er niet genoeg informatie beschikbaar voor het jaar 2022. Volgens de gouverneur van de Centrale Bank van Nigeria is de eNaira echter ontworpen om de kosten van het beheer van contant geld te verlagen, financiële inclusie te verbeteren en grensoverschrijdende transacties efficiënter en veiliger te maken.

Het is vermeldenswaard dat de implementatie van de eNaira in het begin een aantal uitdagingen kende, waaronder moeilijkheden bij het registreren voor de digitale munt en lange wachttijden voordat transacties werden bevestigd.

Hoewel de eNaira app 764.000 keer is gedownload, heeft bijna de helft hem nog nooit gebruikt. De centrale bank heeft minder dan een derde van het geladen aantal geregistreerd en er zijn 168.300 rekeningen actief. Er zijn echter slechts 18.460 portemonnees opgeladen, waaronder 80 handelaren.

Volgens Bloomberg gebruikt slechts 1 op de 200 Nigerianen eNaira. En dit nadat de overheid kortingen en andere stimuleringsmaatregelen introduceerde als wanhopige maatregel om de aandacht te vestigen op de digitale valuta.

Nigerianen gebruiken liever stablecoin Tether (USDT).

Hoofdstuk 24: Jamaica

Jamaica is een kleine eilandnatie in het Caribisch gebied met ongeveer 2,9 miljoen inwoners. In augustus 2020 kondigde de Bank of Jamaica (BOJ) aan dat het was gaan samenwerken met het wereldwijde technologiebedrijf Ecurrency Mint Limited om te beginnen met het testen van een CBDC.

De Bank of Jamaica (BOJ) voltooide in maart 2021 met succes een pilot van hun Central Bank Digital Currency (CBDC) met leverancier eCurrency Mint Inc. in hun Fintech Regulatory Sandbox. Het BOJ had in juli 2020 een Expression of Interest gepubliceerd waarin technologieleveranciers werden uitgenodigd voorstellen in te dienen ter ondersteuning van het testen van een CBDC-oplossing in hun Fintech Regulatory Sandbox. Het BOJ is een partnerschap aangegaan met eCurrency om de uitgifte en distributie van CBDC in een publiek-privaat partnerschap in Jamaica mogelijk te maken. De eCurrency-oplossing stelt de centrale bank in staat om wettige betaalmiddelen uit te geven als een instrument aan toonder in digitale vorm, met behulp van de Jamaicaanse dollar (JMD).

Minister van Financiën en Overheidsdienst Dr. Nigel Clarke kondigde aan dat de CBDC van de BOJ, JAM-DEX genaamd, begin 2022 zou worden uitgerold. De BOJ behoudt zijn rol als enige uitgever van de nationale munteenheid, terwijl gereguleerde financiële instellingen, waaronder commerciële banken en betalingsdienstaanbieders, de CBDC kunnen gebruiken.

Er is geen specifieke informatie gevonden over de resultaten van de implementatie van CBDC's door Jamaica. Uit een onderzoek uit 2021 bleek echter dat 85% van de ondervraagde centrale banken de voor- en nadelen van CBDC's onderzocht, wat duidt op een groeiende belangstelling voor de implementatie van CBDC's in veel landen. Bovendien gaat de implementatie van CBDC's gepaard met een complexe balans van samenwerking en concurrentie tussen de centrale bank en particuliere betalingsdienstaanbieders.

In het algemeen suggereren de beschikbare zoekresultaten op internet dat de implementatie van CBDC's in Jamaica goed verloopt en belangstelling heeft gewekt in andere landen, maar specifieke informatie over de resultaten van de implementatie is niet direct beschikbaar.

Hoofdstuk 25: Frankrijk

Frankrijk werkt al geruime tijd actief aan de implementatie van CBDC, met de Banque de France als speerpunt. Hier volgt een samenvatting van de beschikbare informatie over de implementatie van CBDC in Frankrijk en de resultaten van deze implementatie per maart 2023:

Implementatie van CBDC in Frankrijk:

- De Banque de France is in maart 2020 gestart met een CBDC-programma voor de groothandel, waarbij de nadruk ligt op het experimenteren met een digitale euro voor groothandelsdoeleinden.

- De Banque de France heeft in juni 2021 met succes een CBDC-experiment uitgevoerd met een groep economische spelers, aangestuurd door Euroclear. Het experiment bestond uit het simuleren van de uitgifte en inschrijving van staatsobligaties op een toegestane blockchain met behulp van een CBDC.

- De Banque de France heeft de eerste fase van haar CBDC-programma voor de groothandel afgerond en in november 2021 een rapport gepubliceerd over de resultaten. Het rapport belicht de voor- en nadelen van CBDC en geeft inzicht in de potentiële gebruikssituaties.

Resultaten van CBDC-implementatie in Frankrijk vanaf maart 2023:

- De Banque de France streeft ernaar om in 2023 een werkend CBDC op groothandelsniveau gereed te hebben en heeft haar inspanningen in dit verband opgevoerd.

- De Banque de France heeft met succes het gebruik van CBDC getest voor de afwikkeling van digitale obligaties door de Europese Investeringsbank op een blockchain, waarbij investeerders hebben ingeschreven op door de EIB uitgegeven digitale obligaties voor een totaalbedrag van 100 miljoen euro.

- Het is echter nog niet duidelijk wat de volledige impact van CBDC-implementatie in Frankrijk zal zijn in 2023, aangezien de Banque de France zich nog in de experimentele fase bevindt en de implementatie van CBDC een complex proces is waarbij zorgvuldig rekening moet worden gehouden met verschillende factoren.

Samenvattend kan worden gezegd dat Frankrijk actief werkt aan de invoering van CBDC, waarbij de Banque de France het voortouw neemt. Hoewel de Banque de France ernaar streeft om in 2023 een werkende CBDC voor groothandelsdoeleinden gereed te hebben, is het nog niet duidelijk wat de volledige impact van de CBDC-implementatie in Frankrijk in 2023 zal zijn.

VII. REGELGEVINGSKWESTIES EN UITDAGINGEN

Hoofdstuk 26: Wettelijk en regelgevend kader.

Hoofdstuk 27: Grensoverschrijdende transacties en interoperabiliteit.

Hoofdstuk 28: Internationale samenwerking en coördinatie.

Hoofdstuk 26: Wettelijk en regelgevend kader

Een van de belangrijkste regelgevingskwesties en -uitdagingen in verband met de implementatie van CBDC's is het wet- en regelgevingskader rond het gebruik ervan. In tegenstelling tot traditionele valuta, die wordt gedekt door een centrale bank en onderworpen is aan gevestigde wet- en regelgevingskaders, zijn CBDC's een relatief nieuwe en ongeteste vorm van valuta die een unieke set regels en wetten vereisen.

Een van de grootste uitdagingen in dit verband is het bepalen van de wettelijke status van CBDC's. Op dit moment erkennen de meeste rechtsstelsels CBDC's nog niet. Op dit moment erkennen de meeste rechtssystemen digitale valuta nog niet als wettig betaalmiddel, en daarom is er een gebrek aan juridische duidelijkheid over het gebruik en de regulering van CBDC's. Dit kan het voor bedrijven en consumenten moeilijk maken om CBDC's te gebruiken. Dit kan het voor bedrijven en particulieren moeilijk maken om hun rechten en plichten bij het gebruik van CBDC's te begrijpen.

Een andere regelgevingskwestie met betrekking tot CBDC's is ervoor zorgen dat ze voldoen aan bestaande wet- en regelgeving, zoals die met betrekking tot anti-witwas (AML[10]) en ken-je-klant (KYC[11]) vereisten. Omdat CBDC's een relatief nieuwe vorm van valuta zijn, kunnen er hiaten zijn in de bestaande

---

[10] AML staat voor Anti-Money Laundering, wat verwijst naar de wetten, regels en procedures die door overheden en financiële instellingen worden geïmplementeerd om activiteiten waarbij illegaal verkregen geld of activa worden verborgen te voorkomen, op te sporen en te rapporteren. Het witwassen van geld is het proces waarbij criminelen proberen hun illegaal verkregen geld legitiem te laten lijken, meestal door een reeks transacties of investeringen te gebruiken om de bron van het geld te verbergen. De AML-regelgeving is bedoeld om dit te voorkomen door financiële instellingen te verplichten zorgvuldig onderzoek te doen naar hun klanten, transacties te controleren op verdachte activiteiten en verdachte transacties of verdacht gedrag te melden aan de juiste autoriteiten. Het doel van AML is om het gebruik van het financiële systeem voor illegale activiteiten te voorkomen en de integriteit van het financiële systeem als geheel te beschermen.

[11] KYC staat voor Know Your Customer, wat verwijst naar het proces waarmee bedrijven de identiteit van hun klanten of cliënten verifiëren. Het doel van KYC is om identiteitsdiefstal, fraude, het witwassen van geld en andere illegale activiteiten te voorkomen door ervoor te zorgen dat klanten zijn wie ze beweren te zijn. KYC bestaat meestal uit het verzamelen en verifiëren van persoonlijke informatie zoals naam, adres, geboortedatum en door de overheid uitgegeven identificatiedocumenten. Deze informatie wordt gebruikt om het risicoprofiel van de klant te beoordelen en het vereiste niveau van due diligence te bepalen. KYC-regels komen vaak voor in de financiële dienstverlening, maar worden ook gebruikt in andere sectoren zoals telecommunicatie, gaming en e-commerce.

AML/KYC-regelgeving die moeten worden aangepakt om ervoor te zorgen dat CBDC's niet worden gebruikt voor illegale activiteiten zoals het witwassen van geld en de financiering van terrorisme.

Daarnaast moet het regelgevingskader rond CBDC's ervoor zorgen dat ze interoperabel zijn met bestaande betalingssystemen, zowel in eigen land als internationaal. Dit vereist coördinatie en samenwerking tussen centrale banken, financiële instellingen en regelgevende instanties om gemeenschappelijke normen en protocollen voor het gebruik en de uitwisseling van CBDC's vast te stellen.

Tot slot moet in de regelgevingskaders ook rekening worden gehouden met de privacybelangen die aan het gebruik van CBDC's verbonden zijn. Zoals eerder besproken, kunnen CBDC's gebruikers meer financiële privacy bieden, maar bestaat er ook een risico dat ze worden gebruikt voor illegale activiteiten. Regelgevingskaders moeten dus een evenwicht vinden tussen de garantie dat CBDC's voor legitieme doeleinden worden gebruikt en de bescherming van de privacyrechten van gebruikers.

Hoofdstuk 27: Grensoverschrijdende transacties en interoperabiliteit

Grensoverschrijdende transacties en interoperabiliteit zijn een andere reeks regelgevingskwesties en -uitdagingen in verband met de implementatie van CBDC's (Central Bank Digital Currencies). CBDC's hebben het potentieel om grensoverschrijdende transacties te vergemakkelijken, maar dit vereist coördinatie en samenwerking tussen centrale banken en toezichthoudende instanties in verschillende rechtsgebieden.

Een van de belangrijkste uitdagingen in dit verband is te zorgen voor interoperabiliteit tussen verschillende CBDC-systemen. Interoperabiliteit heeft betrekking op het vermogen van verschillende CBDC-systemen om naadloos samen te werken, zodat gebruikers transacties kunnen verrichten via verschillende systemen. Dit vereist de vaststelling van gemeenschappelijke normen en protocollen voor het gebruik en de uitwisseling van CBDC's, evenals coördinatie tussen centrale banken en regelgevende instanties in verschillende rechtsgebieden.

Daarnaast brengen grensoverschrijdende transacties met CBDC's een aantal regelgevingskwesties met zich mee die verband houden met de vereisten tegen het witwassen van geld (AML) en know-your-customer (KYC).

Een andere regelgevingskwestie met betrekking tot grensoverschrijdende transacties en interoperabiliteit is de noodzaak om mechanismen op te zetten voor het beslechten van geschillen en het afdwingen van juridische overeenkomsten tussen partijen in verschillende rechtsgebieden. Dit vereist coördinatie en samenwerking tussen rechtssystemen en regelgevende instanties in verschillende rechtsgebieden om ervoor te zorgen dat geschillen efficiënt en effectief kunnen worden opgelost.

Ten slotte moet in de regelgevingskaders ook rekening worden gehouden met de potentiële impact van CBDC's op de stabiliteit van het mondiale financiële systeem. Omdat CBDC's bestaande financiële systemen kunnen ontwrichten en nieuwe vormen van concurrentie kunnen creëren, moet ervoor worden gezorgd dat CBDC's in het bestaande financiële systeem worden geïntegreerd op een manier die de financiële stabiliteit ondersteunt en systeemrisico's voorkomt.

Hoofdstuk 28: Internationale samenwerking en coördinatie

Internationale samenwerking en coördinatie zijn kritieke regelgevingskwesties en uitdagingen in verband met de implementatie van CBDC's. Omdat CBDC's het wereldwijde financiële stelsel en grensoverschrijdende transacties kunnen beïnvloeden, zijn coördinatie en samenwerking tussen centrale banken en regelgevende instanties in verschillende rechtsgebieden essentieel.

Een van de belangrijkste uitdagingen in dit verband is de noodzaak om gemeenschappelijke normen en protocollen vast te stellen voor het gebruik en de uitwisseling van CBDC's in verschillende rechtsgebieden. Dit vereist coördinatie en samenwerking tussen centrale banken, financiële instellingen en regelgevende instanties in verschillende landen om ervoor te zorgen dat CBDC's naadloos en veilig over de grenzen heen kunnen worden gebruikt.

Omdat CBDC's de bestaande financiële systemen kunnen verstoren en nieuwe vormen van concurrentie kunnen creëren, is er behoefte aan internationale samenwerking en coördinatie om ervoor te zorgen dat CBDC's in het bestaande financiële systeem worden geïntegreerd op een manier die de financiële stabiliteit ondersteunt en systeemrisico's voorkomt.

Daarnaast zijn internationale samenwerking en coördinatie belangrijk voor de aanpak van regelgevingskwesties in verband met antiwitwasverplichtingen (AML) en know-your-customer (KYC). Omdat CBDC's een relatief nieuwe vorm van valuta zijn, kunnen er hiaten zijn in de bestaande AML/KYC-regelgeving die moeten worden aangepast om ervoor te zorgen dat CBDC's niet worden gebruikt voor illegale activiteiten zoals het witwassen van geld en de financiering van terrorisme. Internationale samenwerking en coördinatie kunnen helpen om gemeenschappelijke normen en beste praktijken vast te stellen voor AML/KYC-regelgeving met betrekking tot CBDC's.

Ten slotte zijn internationale samenwerking en coördinatie ook van belang voor de aanpak van problemen in verband met de privacy en de beveiliging van gegevens. Omdat bij CBDC's digitale technologieën worden gebruikt en gevoelige financiële gegevens worden uitgewisseld, is er behoefte aan internationale normen en protocollen om ervoor te zorgen dat CBDC's veilig zijn en de privacy van gebruikers beschermen.

VIII. TOEKOMST VAN CBDC

Hoofdstuk 29: Potentiële impact op het wereldwijde financiële systeem.

Hoofdstuk 30: Kansen en uitdagingen voor opkomende economieën.

Hoofdstuk 31: Kansen en uitdagingen voor geavanceerde economieën.

Hoofdstuk 32: Technologische vooruitgang en innovatie.

Hoofdstuk 29: Potentiële impact op het wereldwijde financiële systeem

Over de toekomst van CBDC's (Central Bank Digital Currencies) wordt veel gediscussieerd en gespeculeerd. Hoewel CBDC's de potentie hebben om het wereldwijde financiële systeem te transformeren, zijn er ook zorgen over hun potentiële impact op de financiële stabiliteit en de privacy van gebruikers.

Een mogelijk effect van CBDC's op het mondiale financiële systeem is het potentieel voor meer financiële inclusie. CBDC's kunnen toegang bieden tot financiële diensten aan mensen die momenteel niet of nauwelijks een bank hebben, wat kan helpen om de armoede terug te dringen en de economische groei te bevorderen.

Omdat CBDC's digitaal zijn en kunnen worden uitgewisseld zonder tussenpersonen, zouden ze kunnen helpen om de transactiekosten te verlagen en transacties sneller te laten verlopen, wat zowel bedrijven als consumenten ten goede zou kunnen komen.

Er is echter ook bezorgdheid over de potentiële risico's die aan CBDC's verbonden zijn. Eén punt van zorg is de mogelijke grotere financiële instabiliteit als CBDC's contant geld en bankdeposito's zouden vervangen als waardeopslag. Dit zou kunnen leiden tot een afname van de vraag naar bankdeposito's, waardoor banken minder geld zouden kunnen uitlenen, wat zou kunnen leiden tot kredietschaarste en financiële instabiliteit.

Een ander punt van zorg is het potentiële effect van CBDC's op het monetaire beleid. CBDC's zouden het voor centrale banken moeilijker kunnen maken om monetair beleid te voeren, omdat ze de effectiviteit van traditionele monetaire beleidsinstrumenten zoals renteaanpassingen zouden kunnen ondermijnen.

Privacy is een ander belangrijk punt van zorg met betrekking tot de toekomst van CBDC's. Hoewel CBDC's in potentie meer privacy en veiligheid kunnen bieden in vergelijking met traditionele betaalmethoden, bestaat er ook bezorgdheid over het feit dat overheden en centrale banken het gebruik van CBDC's kunnen monitoren en volgen, waardoor mogelijk inbreuk wordt gemaakt op de privacyrechten van gebruikers.

Hoofdstuk 30: Kansen en uitdagingen voor opkomende economieën

Naarmate CBDC's op grotere schaal worden toegepast, moeten opkomende economieën rekening houden met zowel kansen als uitdagingen. Hieronder volgen enkele mogelijke gevolgen van CBDC's voor deze economieën.

Kansen:

- **Verhoogde financiële inclusie**: CBDC's kunnen de financiële inclusie in opkomende economieën helpen verbeteren door een goedkoop alternatief te bieden voor traditionele banksystemen. Ze kunnen ook bijdragen aan het bereiken van bevolkingsgroepen die niet of nauwelijks bankieren door digitale betaaloplossingen aan te bieden zonder dat toegang tot een traditionele bankrekening nodig is.

- **Efficiëntere betalingssystemen**: CBDC's kunnen zorgen voor snellere, goedkopere en efficiëntere betalingssystemen voor opkomende economieën. Dit kan helpen om de kosten en tijd van grensoverschrijdende transacties te verminderen, wat vooral belangrijk is voor kleine bedrijven en particulieren die afhankelijk zijn van geldovermakingen.

- **Verbeterd monetair beleid**: CBDC's kunnen centrale banken betere controle geven over het monetaire beleid. Door een directe link te hebben met het monetaire beleid van de centrale bank, kunnen CBDC's een effectiever instrument zijn voor het uitvoeren en aanpassen van het monetaire beleid.

Uitdagingen:

- **Technische infrastructuur**: Opkomende economieën beschikken mogelijk niet over de nodige technische infrastructuur om de implementatie van CBDC's te ondersteunen. De digitale infrastructuur kan aanzienlijke investeringen vereisen om ervoor te zorgen dat de CBDC's voor alle bevolkingsgroepen toegankelijk en bruikbaar zijn.

- **Financiële stabiliteit**: CBDC's zouden het financiële systeem van opkomende economieën kunnen destabiliseren. Ze zouden kunnen leiden tot een verschuiving in het machtsevenwicht tussen commerciële banken en centrale banken, wat de stabiliteit van de banksector zou kunnen aantasten.

- **Regelgevende kaders**: Opkomende economieën moeten mogelijk regelgevingskaders opstellen om het juiste gebruik en bestuur van CBDC's te waarborgen. Dit omvat zaken als cyberbeveiliging[12], privacy en het witwassen van geld.

- **Kosten en financiering**: De ontwikkeling en implementatie van CBDC's kan aanzienlijke investeringen en financiering vereisen, wat een uitdaging kan zijn voor opkomende economieën met beperkte middelen.

- **Wisselkoersschommelingen**: Opkomende economieën kunnen te maken krijgen met wisselkoersschommelingen als hun CBDC's internationaal meer ingang vinden. Deze schommelingen zouden hun handel en economische stabiliteit kunnen beïnvloeden.

In het algemeen kan de invoering van CBDC's in opkomende economieën verschillende voordelen bieden, zoals meer financiële inclusie, efficiëntere betalingssystemen en een beter monetair beleid. Deze voordelen moeten echter worden afgewogen tegen de potentiële uitdagingen, waaronder de behoefte aan technische infrastructuur, regelgevingskaders en financiering. CBDC's betekenen een belangrijke verschuiving in het financiële landschap en vereisen zorgvuldige overweging en planning voor opkomende economieën.

---

[12] Cyberbeveiliging verwijst naar de praktijken, technologieën en maatregelen die worden gebruikt om computers, netwerken, gegevens en andere digitale activa te beschermen tegen ongeoorloofde toegang, gebruik, diefstal, schade of andere vormen van cyberdreigingen.

De Digitale Euro: Voor- en Nadelen van CBDC

Hoofdstuk 31: Kansen en uitdagingen voor geavanceerde economieën

CBDC's trekken veel aandacht van beleidsmakers en financiële instellingen over de hele wereld. Geavanceerde economieën, zoals de Verenigde Staten, de Europese Unie en Japan, hebben de potentiële voordelen en uitdagingen van CBDC's onderzocht. In dit hoofdstuk bespreken we de kansen en uitdagingen waarmee geavanceerde economieën te maken kunnen krijgen bij het implementeren van CBDC's.

Kansen voor geavanceerde economieën:

- **Vergroting van de financiële stabiliteit**: CBDC's kunnen bijdragen aan de stabiliteit van het financiële systeem door het risico op bankruns te verminderen en de effectiviteit van het monetaire beleid te vergroten. In tijden van crisis kunnen centrale banken CBDC's gebruiken om de economie snel en efficiënt van liquiditeit te voorzien.

- **Verbetering van betalingssystemen**: Geavanceerde economieën kunnen CBDC's gebruiken om hun betalingssystemen te verbeteren, waardoor ze sneller, goedkoper en veiliger worden. CBDC's kunnen ook helpen de afhankelijkheid van contant geld te verminderen, wat de financiële inclusie kan verbeteren en de ondergrondse economie kan terugdringen.

- **Innovatie ondersteunen**: CBDC's kunnen innovatie in de financiële sector ondersteunen door een platform te bieden voor nieuwe betalingssystemen en financiële producten. CBDC's kunnen ook zorgen voor een beter begrip van de werking van digitale valuta en hun potentiële impact op de economie.

- **Versterking van het monetaire beleid**: CBDC's kunnen centrale banken helpen om hun monetaire beleid effectiever uit te voeren. CBDC's kunnen nauwkeuriger en realtime gegevens over de economie leveren, waardoor centrale banken beter geïnformeerde beslissingen kunnen nemen.

Uitdagingen voor geavanceerde economieën:

- **Implementatie en invoering**: De implementatie van CBDC's vereist aanzienlijke investeringen in technologie en infrastructuur. Geavanceerde economieën kunnen ook problemen ondervinden bij de invoering van

CBDC's vanwege bezorgdheid over veiligheid, privacy en regelgevingskwesties.

- **Verstoring van het financiële systeem**: CBDC's kunnen het bestaande financiële systeem verstoren, met name het banksysteem. Banken zouden te maken kunnen krijgen met een vermindering van hun depositobasis, waardoor de kredietverleningscapaciteit afneemt.

- **Grensoverschrijdende transacties**: CBDC's kunnen te maken krijgen met aanzienlijke uitdagingen bij grensoverschrijdende transacties, zoals interoperabiliteitsproblemen, verschillen in regelgeving en politieke conflicten.

- **Privacyproblemen**: CBDC's geven aanleiding tot bezorgdheid over de privacy van de financiële transacties van individuele personen. Geavanceerde economieën zullen privacygerichte regelgeving moeten ontwikkelen om deze zorgen weg te nemen.

De invoering van CBDC's is een complexe en uitdagende taak voor geavanceerde economieën. De potentiële voordelen van CBDC's, zoals het vergroten van de financiële stabiliteit, het verbeteren van betalingssystemen, het ondersteunen van innovatie en het versterken van monetair beleid, zijn echter aanzienlijk. Om de uitdagingen van CBDC's aan te gaan, zullen geavanceerde economieën een uitgebreid regelgevingskader moeten ontwikkelen, moeten investeren in technologie en infrastructuur, en internationale samenwerking en coördinatie moeten bevorderen.

Hoofdstuk 32: Technologische vooruitgang en innovatie

De ontwikkeling en implementatie van CBDC's zijn sterk afhankelijk van technologische vooruitgang en innovatie. In dit hoofdstuk gaan we in op de technologische ontwikkelingen en innovaties die de toekomst van CBDC vormgeven. In dit hoofdstuk gaan we in op de technologische ontwikkelingen en innovaties die de toekomst van CBDC vormgeven.

Blockchaintechnologie

Een van de belangrijkste technologische ontwikkelingen die de ontwikkeling van CBDC's mogelijk hebben gemaakt, is blockchaintechnologie. Blockchain is een gedecentraliseerd en gedistribueerd digitaal grootboek dat veilige en transparante transacties mogelijk maakt zonder tussenpersonen zoals banken of andere financiële instellingen. Deze technologie wordt al gebruikt in verschillende cryptocurrencies zoals Bitcoin, Ethereum[13] en andere.

CBDC's kunnen blockchaintechnologie gebruiken om snelle, veilige en goedkope transacties mogelijk te maken en tegelijkertijd transparantie en onveranderlijkheid te garanderen. Het gebruik van blockchaintechnologie kan ook het risico op fraude en vervalsing verminderen, omdat transacties in realtime worden gevalideerd en geregistreerd.

Slimme contracten

Smart contracts zijn zelfuitvoerende computerprogramma's die automatisch de voorwaarden van een contract kunnen uitvoeren wanneer aan vooraf gedefinieerde voorwaarden wordt voldaan. Ze maken de automatisering van verschillende processen mogelijk en maken tussenpersonen zoals advocaten of andere derde partijen overbodig.

CBDC's kunnen smart contracts inzetten om verschillende financiële transacties te automatiseren, zoals betalingen, leningen en andere financiële overeenkomsten. Dit kan de kosten en tijd verminderen die gepaard gaan met

---

[13] Ethereum is een open-source, blockchain-gebaseerd platform waarmee ontwikkelaars gedecentraliseerde applicaties (DApps) en slimme contracten kunnen bouwen en implementeren. Ethereum werd in 2015 gecreëerd door Vitalik Buterin, die een platform wilde creëren dat complexere programmeerbare transacties mogelijk zou maken dan Bitcoin.

traditionele financiële transacties en tegelijkertijd de veiligheid en transparantie vergroten.

Kunstmatige intelligentie (AI[14])

Kunstmatige intelligentie is een andere technologie die de ontwikkeling van geavanceerdere CBDC's mogelijk kan maken. AI kan worden gebruikt om grote hoeveelheden gegevens te analyseren, patronen en trends te identificeren en voorspellingen te doen op basis van historische gegevens. Deze technologie kan ook worden gebruikt om algoritmes te ontwikkelen die verschillende financiële processen kunnen automatiseren, zoals fraudedetectie en risicobeoordeling.

CBDC's kunnen AI inzetten om efficiëntere en effectievere financiële transacties mogelijk te maken en tegelijkertijd het risico op fraude en fouten te verkleinen. AI kan bijvoorbeeld worden gebruikt om witwaspraktijken op te sporen en te voorkomen door transactiepatronen te analyseren en verdachte activiteiten te identificeren.

Internet der Dingen (IoT[15])

Het internet der dingen is een netwerk van verbonden apparaten die met elkaar kunnen communiceren en gegevens kunnen uitwisselen. Deze apparaten kunnen smartphones, tablets, wearables en andere slimme apparaten zijn.

CBDC's kunnen IoT inzetten om naadloze en handige financiële transacties mogelijk te maken. Een smartwatch kan bijvoorbeeld worden gebruikt om een betaling te doen door er simpelweg op een betaalterminal op te tikken. Dit kan

---

[14] Kunstmatige intelligentie (AI) verwijst naar de ontwikkeling van computersystemen die taken kunnen uitvoeren waarvoor normaal gesproken mensen nodig zijn, zoals visuele waarneming, herkenning van spraakintelligentie, besluitvorming en taalvertaling. AI wordt bereikt door machinaal leren, waarbij algoritmen worden getraind op grote hoeveelheden gegevens en hun prestaties na verloop van tijd kunnen verbeteren. AI kan worden toegepast in een groot aantal sectoren, waaronder de gezondheidszorg, de financiële sector, de transportsector en de productiesector, en heeft het potentieel om een revolutie teweeg te brengen in hoe we leven en werken.

[15] Het Internet der Dingen (IoT) verwijst naar het netwerk van fysieke apparaten, voertuigen, huishoudelijke apparaten en andere voorwerpen die zijn uitgerust met sensoren, software en connectiviteit, waardoor ze met elkaar kunnen verbinden en gegevens kunnen uitwisselen. IoT-apparaten kunnen met elkaar en met andere systemen communiceren via het internet, waardoor een breed scala aan toepassingen en diensten mogelijk wordt, waaronder domotica, slimme steden, industriële automatisering en bewaking van de gezondheidszorg.

de behoefte aan fysiek contant geld of creditcards verminderen en tegelijkertijd een handigere en veiligere betaalmethode bieden.

De ontwikkeling en implementatie van CBDC's zijn sterk afhankelijk van technologische vooruitgang en innovatie. Blockchaintechnologie, slimme contracten, kunstmatige intelligentie en het internet der dingen zijn slechts enkele voorbeelden van technologieën die de ontwikkeling van efficiëntere, veiligere en transparantere CBDC's mogelijk kunnen maken. Deze technologieën kunnen ook nieuwe kansen en uitdagingen bieden voor opkomende en geavanceerde economieën, en voor het wereldwijde financiële systeem als geheel. Het is belangrijk dat beleidsmakers, regelgevers en andere belanghebbenden deze technologische ontwikkelingen blijven volgen en zich eraan blijven aanpassen om een veilig en efficiënt gebruik van CBDC's te waarborgen.

IX. ANGSTEN

Hoofdstuk 33: Angsten van gewone mensen voor CBDC.

Hoofdstuk 34: Zakelijke zorgen over CBDC.

Hoofdstuk 35: Bezorgdheid van de overheid over CBDC's.

Hoofdstuk 33: Angsten van gewone mensen voor CBDC

CBDC is al enige tijd onderwerp van discussie in de financiële wereld. Hoewel CBDC de potentie heeft om veel voordelen te brengen voor de economie en de maatschappij, maken sommige mensen zich nog steeds zorgen over de implementatie ervan. In dit hoofdstuk gaan we in op een aantal veelvoorkomende angsten van mensen over CBDC.

- **Bezorgdheid over privacy**: Een van de grootste angsten over CBDC is privacy. Omdat transacties met CBDC worden geregistreerd in een openbaar grootboek, bestaat de angst dat deze informatie door overheden of andere entiteiten kan worden gebruikt om de financiële transacties van individuen te controleren. Sommige mensen maken zich zorgen dat hun financiële informatie tegen hen gebruikt kan worden.

- **Cyberbeveiligingsrisico's**: CBDC is een digitale valuta, wat betekent dat het gevoelig is voor cyberaanvallen. Veel mensen vrezen dat als CBDC gehackt wordt, hun financiële informatie gestolen kan worden en ze hun geld kunnen verliezen. Deze angst komt vooral voor bij oudere mensen die niet zo bekend zijn met digitale technologie.

- **Potentieel voor inflatie**: De vrees bestaat dat de invoering van CBDC kan leiden tot inflatie. Omdat CBDC wordt gesteund door de centrale bank, maken sommige mensen zich zorgen dat de overheid er te veel van zou kunnen drukken, wat zou leiden tot een daling van de waarde van de munteenheid.

- **Gebrek aan anonimiteit**: Sommige mensen vrezen dat CBDC de anonimiteit in financiële transacties zal elimineren. Hoewel sommige mensen de transparantie van openbare grootboeken op prijs stellen, vrezen anderen dat hun financiële transacties naar hen getraceerd kunnen worden, waardoor hun privacy in het gedrang komt.

- **Afhankelijkheid van technologie**: CBDC is een digitale valuta, wat betekent dat het toegang tot technologie vereist om te gebruiken. Sommige mensen zijn bang dat dit een digitale kloof kan creëren, waarbij mensen die geen toegang hebben tot technologie achterblijven. Daarnaast bestaat de angst dat als de technologie faalt, mensen de toegang tot hun geld kunnen verliezen.

- **Potentieel voor overheidsbemoeienis**: CBDC wordt uitgegeven door de centrale bank, wat betekent dat de overheid veel controle heeft over het gebruik ervan. Sommige mensen maken zich zorgen dat dit zou kunnen leiden tot overreach van de overheid, waarbij de overheid CBDC zou kunnen gebruiken om de financiële transacties van individuen te controleren.

De Digitale Euro: Voor- en Nadelen van CBDC

Hoofdstuk 34: Zakelijke zorgen over CBDC

Central Bank Digital Currency (CBDC) is een nieuwe vorm van digitale valuta uitgegeven door een centrale bank die de potentie heeft om het financiële landschap te transformeren. Hoewel CBDC verschillende voordelen biedt, brengt het ook bepaalde uitdagingen en zorgen met zich mee, vooral voor bedrijven.

Hier volgen enkele van de belangrijkste zakelijke zorgen over CBDC:

- **Verstoring van bedrijfsmodellen**: CBDC kan traditionele bedrijfsmodellen mogelijk verstoren doordat er minder tussenpersonen nodig zijn bij financiële transacties. Dit kan gevolgen hebben voor financiële instellingen, betalingsproviders en andere tussenpersonen die transacties tussen bedrijven en consumenten faciliteren. Als gevolg daarvan moeten sommige bedrijven hun bedrijfsmodellen misschien opnieuw evalueren en zich aanpassen aan het veranderende landschap.

- **Cyberbeveiligingsrisico's**: Met het toenemende gebruik van digitale valuta is er een groeiende bezorgdheid over cyberbeveiligingsrisico's. CBDC zou een doelwit kunnen worden voor cybercriminelen. CBDC kan een doelwit worden voor cybercriminelen die digitale activa kunnen stelen of manipuleren. Bedrijven die CBDC bezitten, moeten mogelijk investeren in robuuste cyberbeveiligingsmaatregelen om hun activa te beschermen tegen potentiële cyberbedreigingen.

- **Impact op financiële stabiliteit**: CBDC zou de financiële stabiliteit kunnen beïnvloeden door de dynamiek van het financiële systeem te veranderen. Als CBDC bijvoorbeeld op grote schaal wordt ingevoerd, zou dat kunnen leiden tot een vermindering van bankdeposito's en een verschuiving in het machtsevenwicht tussen banken en centrale banken. Dit zou de beschikbaarheid van krediet en liquiditeit in het financiële stelsel kunnen beïnvloeden.

- **Operationele uitdagingen**: De implementatie van CBDC kan voor bedrijven een uitdaging en een dure aangelegenheid zijn. Mogelijk moeten ze investeren in nieuwe infrastructuur en technologie om CBDC-transacties mogelijk te maken. Dit kan een uitdaging vormen voor kleinere bedrijven die misschien niet over de nodige middelen beschikken om in de nieuwe technologie te investeren.

Onzekerheid op het gebied van wet- en regelgeving: Er is nog steeds enige onzekerheid op het gebied van wet- en regelgeving rond CBDC, vooral wat betreft belastingen en vereisten op het gebied van witwasbestrijding (AML) en know-your-customer (KYC). Bedrijven die CBDC bezitten, moeten mogelijk door een complex regelgevingslandschap navigeren en aan verschillende voorschriften voldoen.

Kortom, CBDC biedt bedrijven verschillende voordelen, zoals snellere en goedkopere transacties, meer financiële inclusie en lagere transactiekosten. Het brengt echter ook bepaalde uitdagingen en zorgen met zich mee, vooral voor bedrijven die zich mogelijk moeten aanpassen aan het veranderende financiële landschap. Het is belangrijk dat bedrijven de potentiële risico's en voordelen van CBDC zorgvuldig evalueren en strategieën ontwikkelen om de risico's te beheersen en te profiteren van de kansen die deze nieuwe technologie biedt.

Hoofdstuk 35: Bezorgdheid van de overheid over CBDC's

Hoewel CBDC's veel potentiële voordelen hebben, denken overheden en centrale banken ook na over de mogelijke uitdagingen die de implementatie ervan met zich mee kan brengen. Enkele van de zorgen van de staten over CBDC's zijn:

Monetaire beleidscontrole: Een van de belangrijkste zorgen van centrale banken is de potentiële impact van CBDC's op hun vermogen om het monetaire beleid te controleren. Aangezien CBDC's de centrale bank een direct kanaal kunnen bieden om geld te distribueren, kan dit problemen opleveren bij het controleren van de geldhoeveelheid en het beheersen van de inflatie. Centrale banken moeten ervoor zorgen dat zij over de nodige instrumenten beschikken om de monetaire stabiliteit te handhaven en tegelijkertijd de succesvolle implementatie van CBDC's waarborgen.

Financiële stabiliteit: Een ander punt van zorg voor centrale banken is het effect van CBDC's op de financiële stabiliteit. Aangezien CBDC's een alternatief zouden bieden voor traditionele bankdeposito's, zou dit kunnen leiden tot een significante verschuiving in de structuur van het financiële systeem. Centrale banken moeten ervoor zorgen dat de invoering van CBDC's het financiële systeem niet destabiliseert en dat het de bestaande financiële infrastructuur aanvult.

Cyberbeveiliging en operationele risico's: Centrale banken moeten ook rekening houden met de potentiële cyberbeveiliging en operationele risico's van CBDC's. Aangezien CBDC's afhankelijk zijn van digitale infrastructuur, zijn ze kwetsbaar voor cyberaanvallen, hacken en andere soorten operationele storingen. Aangezien CBDC's afhankelijk zouden zijn van digitale infrastructuur, is deze kwetsbaar voor cyberaanvallen, hacking en andere soorten operationele storingen. Centrale banken moeten ervoor zorgen dat de nodige maatregelen worden genomen om deze risico's te beperken en het financiële systeem te beschermen tegen potentiële bedreigingen.

Zorgen over privacy en toezicht: Overheden moeten rekening houden met de gevolgen van CBDC's voor privacy en toezicht. Hoewel CBDC's kunnen zorgen voor meer transparantie en verantwoording, kan het ook leiden tot zorgen over overheidstoezicht en inbreuk op de privacy. Het is essentieel om een evenwicht te vinden tussen de behoefte aan transparantie en het recht op privacy en ervoor te zorgen dat er adequate maatregelen worden genomen om de persoonlijke informatie van individuen te beschermen.

Wettelijke en regelgevende kaders: Regeringen moeten duidelijke wet- en regelgevingskaders vaststellen voor de uitvoering en werking van CBDC's. Aangezien CBDC's een belangrijke verschuiving in het financiële systeem betekenen, zijn er nieuwe regels en juridische structuren nodig om het gebruik ervan te regelen. Overheden moeten werken aan de ontwikkeling van duidelijke richtlijnen en kaders om ervoor te zorgen dat CBDC's veilig en effectief zijn voor gebruikers.

Kortom, CBDC's bieden veel potentiële voordelen, maar de uitvoering ervan brengt ook uitdagingen met zich mee die zorgvuldig moeten worden overwogen. Centrale banken en overheden moeten samenwerken om de juiste juridische, regelgevende en technologische infrastructuur te ontwikkelen voor een succesvolle implementatie van CBDC's.

X. CONCLUSIE

Hoofdstuk 36: Samenvatting van de belangrijkste punten.

Hoofdstuk 37: Implicaties voor beleidsmakers, financiële instellingen en consumenten.

Hoofdstuk 38: Moet je bang zijn voor CBDC?

Hoofdstuk 39: Slotgedachten en aanbevelingen.

Hoofdstuk 36: Samenvatting van de belangrijkste punten

Concluderend is CBDC een digitale vorm van valuta die wordt uitgegeven en ondersteund door een centrale bank. Het is een nieuw concept in de financiële wereld dat aan populariteit wint vanwege het potentieel om een revolutie teweeg te brengen in de manier waarop we geld gebruiken en er toegang toe hebben.

Een van de belangrijkste voordelen van CBDC is een grotere financiële inclusie, omdat het een gemakkelijke en toegankelijke manier biedt voor mensen zonder bankrekening en mensen met weinig bankrekening om deel te nemen aan het financiële systeem. Het heeft ook het potentieel om fraude en corruptie te verminderen, het monetaire beleid te verbeteren en de efficiëntie van betalingssystemen te verhogen.

Er zijn echter ook verschillende uitdagingen en nadelen verbonden aan CBDC, waaronder de potentiële bedreiging voor commerciële banken, zorgen over privacy, operationele en technische uitdagingen en risico's van centralisatie.

CBDC kan worden vergeleken met andere betalingssystemen, zoals contant geld, traditionele elektronische betalingssystemen en cryptocurrencies, en is geïmplementeerd in verschillende landen, waaronder China, Zweden, Uruguay, de Bahama's, Nigeria, Jamaica, Zuid-Korea en Frankrijk.

Regelgevingskwesties en -uitdagingen rondom CBDC zijn onder andere wet- en regelgevingskaders, grensoverschrijdende transacties en interoperabiliteit, en internationale samenwerking en coördinatie.

De toekomst van CBDC is veelbelovend, met potentiële effecten op het mondiale financiële systeem, kansen en uitdagingen voor zowel geavanceerde als opkomende economieën, en technologische vooruitgang en innovatie die de ontwikkeling stimuleren.

Kortom, CBDC heeft het potentieel om de financiële sector te transformeren, maar het is essentieel om de uitdagingen en kwesties in verband met de uitvoering ervan zorgvuldig aan te pakken. Een gezamenlijke en gecoördineerde aanpak tussen regelgevers, centrale banken en andere belanghebbenden zal cruciaal zijn om het volledige potentieel van CBDC te realiseren.

Hoofdstuk 37: Implicaties voor beleidsmakers, financiële instellingen en consumenten

De introductie van de CBDC kan een aanzienlijke impact hebben op beleidsmakers, financiële instellingen en consumenten. In dit hoofdstuk bespreken we de implicaties voor elk van deze groepen.

Voor beleidsmakers biedt CBDC een kans om de financiële inclusie te vergroten en de effectiviteit van het monetaire beleid te verbeteren. Beleidsmakers moeten echter ook aandacht besteden aan regelgevings- en juridische kwesties rond CBDC, zoals privacy, grensoverschrijdende transacties en internationale coördinatie.

Voor financiële instellingen biedt CBDC zowel kansen als uitdagingen. Enerzijds zou CBDC een nieuwe inkomstenstroom kunnen opleveren en de transactiekosten kunnen verlagen. Aan de andere kant zou CBDC een bedreiging kunnen vormen voor het traditionele banksysteem, vooral als consumenten overstappen van bankdeposito's naar CBDC.

Voor consumenten zou CBDC voordelen kunnen bieden, zoals een grotere financiële inclusie en lagere transactiekosten. Consumenten kunnen echter ook te maken krijgen met privacyproblemen, en de invoering van CBDC kan aanzienlijke veranderingen met zich meebrengen in de manier waarop zij financiële transacties uitvoeren.

In het algemeen zullen de gevolgen van CBDC voor beleidsmakers, financiële instellingen en consumenten afhangen van de specifieke opzet en uitvoering van CBDC. Beleidsmakers moeten de voordelen van CBDC afwegen tegen de potentiële risico's en uitdagingen, terwijl financiële instellingen zich moeten aanpassen aan nieuwe technologische ontwikkelingen en moeten innoveren om concurrerend te blijven. Consumenten moeten ook de voordelen en risico's van de invoering van CBDC afwegen en hun financiële gedrag dienovereenkomstig aanpassen.

Kortom, CBDC is een complex en zich snel ontwikkelend financieel gebied dat aanzienlijke kansen en uitdagingen biedt voor beleidsmakers, financiële instellingen en consumenten. De succesvolle invoering en acceptatie van CBDC vereist een zorgvuldige afweging van deze implicaties en de bereidheid om zich aan te passen aan het veranderende financiële landschap.

Hoofdstuk 38: Moet je bang zijn voor CBDC?

CBDC is de laatste jaren een veelbesproken onderwerp in de financiële en technologische wereld. CBDC's zijn digitale versies van fiatvaluta's uitgegeven door een centrale bank en worden ondersteund door overheidsgaranties. De implementatie van CBDC's zou grote gevolgen kunnen hebben voor het wereldwijde financiële systeem en de manier waarop we transacties uitvoeren. Sommige mensen maken zich zorgen over de mogelijke gevolgen van CBDC's, terwijl anderen geloven dat ze positieve veranderingen teweeg zullen brengen. In dit hoofdstuk onderzoeken we of je bang moet zijn voor CBDC.

Wat zijn de voordelen van CBDC?

Een van de belangrijkste voordelen van CBDC is het potentieel om de financiële inclusie te vergroten. Met CBDC's kunnen mensen die geen toegang hebben tot traditionele bankdiensten deelnemen aan het financiële systeem. Dit kan leiden tot meer economische groei en minder armoede. CBDC's kunnen ook de transactiekosten verlagen en de snelheid van betalingen verhogen, waardoor het voor mensen gemakkelijker wordt om geld over de grens te versturen en te ontvangen.

CBDC's zouden ook kunnen helpen om de risico's van contante transacties, zoals vervalsing en het witwassen van geld, te verminderen. Transacties met CBDC's zijn transparant, traceerbaar en kunnen niet worden vervalst, waardoor ze veiliger zijn dan contant geld. Bovendien kunnen CBDC's worden geprogrammeerd met functies zoals vervaldatums of bestedingslimieten om fraude te voorkomen en consumenten te beschermen.

Wat zijn de potentiële risico's van CBDC's?

Ondanks de potentiële voordelen, zijn er ook enkele risico's verbonden aan CBDC's. Een van de grootste zorgen is dat CBDC's kunnen leiden tot meer toezicht en verlies van privacy. Omdat alle transacties met CBDC's traceerbaar zijn, kunnen overheden of centrale banken mogelijk de financiële activiteiten van mensen in de gaten houden. Dit zou kunnen leiden tot schendingen van privacy en burgerlijke vrijheden. Daarnaast kunnen CBDC's een centraal punt in het financiële systeem creëren, waardoor het kwetsbaar wordt voor cyberaanvallen.

Een ander punt van zorg is dat CBDC's het banksysteem zouden kunnen verstoren en tot financiële instabiliteit zouden kunnen leiden. Als mensen CBDC's gaan gebruiken in plaats van traditionele bankrekeningen, zou dat kunnen leiden tot een afname van de vraag naar banken, wat mogelijk kan leiden tot bankfaillissementen en systeemrisico. Bovendien, als de centrale bank rechtstreeks digitale valuta aanbiedt aan het publiek, zou dit het commerciële banksysteem kunnen verstoren door banken hun rol als tussenpersoon te ontnemen.

Moet je bang zijn voor CBDC's?

Of je bang moet zijn voor CBDC's hangt af van je perspectief. Als u zich zorgen maakt over privacy en overheidstoezicht, kunt u CBDC's met argusogen bekijken. Als u echter optimistisch bent over het potentieel voor financiële inclusie en het verlagen van transactiekosten, dan kunt u de implementatie van CBDC's toejuichen. Uiteindelijk zal het succes of falen van CBDC's afhangen van hoe ze worden geïmplementeerd en gereguleerd. Het is essentieel om de potentiële voordelen en risico's af te wegen en weloverwogen beslissingen te nemen over het al dan niet gebruiken van CBDC's.

Hoofdstuk 39: Slotgedachten en aanbevelingen

In deze gids hebben we de voor- en nadelen van CBDC onderzocht, evenals de verschillende benaderingen en casestudy's van CBDC-implementatie. We hebben ook de verschillende regelgevingsuitdagingen besproken die moeten worden aangepakt, evenals de potentiële impact op het mondiale financiële systeem en de kansen en uitdagingen voor opkomende en geavanceerde economieën.

In het algemeen heeft CBDC het potentieel om een revolutie teweeg te brengen in de manier waarop we financiële transacties uitvoeren. Het zou de financiële inclusie kunnen vergroten, fraude en corruptie kunnen terugdringen, het monetaire beleid kunnen verbeteren en een efficiënter en veiliger betalingssysteem kunnen bieden. Er zijn echter ook potentiële nadelen, zoals de risico's van centralisatie, privacyproblemen, operationele en technische uitdagingen en de bedreiging voor commerciële banken.

Voor beleidsmakers biedt CBDC een kans om de financiële inclusie te verbeteren en het monetaire beleid te versterken. Beleidsmakers moeten er echter ook voor zorgen dat het regelgevingskader aanwezig is om potentiële risico's aan te pakken en ervoor te zorgen dat CBDC op een veilige manier werkt.

Voor financiële instellingen biedt CBDC zowel kansen als uitdagingen. Enerzijds zou het kunnen leiden tot grotere efficiëntie en kostenbesparingen. Anderzijds zou het ook een bedreiging kunnen vormen voor de rol van commerciële banken in het financiële systeem.

Voor consumenten zou CBDC een veiliger en efficiënter betalingssysteem kunnen opleveren, maar het roept ook vragen op over privacy en toezicht.

Daarom is het essentieel dat beleidsmakers, financiële instellingen en consumenten de implicaties van CBDC zorgvuldig overwegen en samenwerken om een kader te ontwikkelen dat potentiële risico's aanpakt en tegelijkertijd de voordelen maximaliseert. Samenwerking tussen landen en internationale organisaties is ook nodig om grensoverschrijdende interoperabiliteitsproblemen aan te pakken en ervoor te zorgen dat CBDC naadloos functioneert in verschillende rechtsgebieden.

XI. REFERENTIES

- BIS (2018). "Central Bank Digital Currencies." Bank for International Settlements.
- Yermack, D. (2015). "Is Bitcoin a Real Currency?" National Bureau of Economic Research.
- Huang, J., & Zhou, Z. (2019). "Central Bank Digital Currency and Its Economic Implications." Economic Perspectives.
- World Bank (2020). "Central Bank Digital Currencies: Opportunities, Risks and Challenges." World Bank Group.
- McKinsey & Company (2019). "Central Bank Digital Currencies: A New Era of Digital Money." McKinsey & Company.
- ECB (2020). "Report on a Digital Euro." European Central Bank.
- G20 (2019). "G20 High-level Principles for Digital Financial Inclusion." G20 Osaka Summit.
- BIS (2021). "Central Bank Digital Currencies: Foundational Principles and Core Features." Bank for International Settlements.
- IMF (2021). "Legal Aspects of Central Bank Digital Currencies." International Monetary Fund.
- Bank of Canada (2020). "Central Bank Digital Currency: Motivations and Implications." Bank of Canada.
- BIS. (2021). Central bank digital currencies: foundational principles and core features.
- Deutsche Bank Research. (2021). CBDCs: A new era of central banking?
- Eichengreen, B., & Shin, H. S. (2021). Central bank digital currency: The quest for minimally invasive technology. Journal of Economic Perspectives, 35(1), 3-24.
- Engert, W., Hendry, S., & Moran, C. (2021). Central bank digital currencies: foundational principles and core features. Bank of Canada.
- Federal Reserve Board. (2021). Central bank digital currencies: A literature review.
- IMF. (2021). Central bank digital currencies: Opportunities, risks and challenges.
- World Economic Forum. (2020). Central bank digital currencies: Central banking for the digital age.
- Bank for International Settlements. (2020). Central bank digital currencies. BIS Papers, No. 107.

- Bank of Canada. (2021). Central bank digital currency: Opportunities, challenges and design. Discussion paper.
- Bank of England. (2020). Central bank digital currency: opportunities, challenges and design. Discussion paper.
- Barontini, C., & Holden, H. (2020). Proceeding with caution-a survey on central bank digital currency. BIS Quarterly Review, September.
- Carstens, A. (2018). Central bank digital currencies. Speech at the Hoover Institution, Stanford University.
- European Central Bank. (2021). Report on a digital euro.
- FSB. (2020). Enhancing cross-border payments: Stage 3 roadmap.
- Goodhart, C., & Jensen, M. (2021). Central bank digital currencies and banking. Journal of Banking Regulation, 22(2), 83-97.
- Mancini-Griffoli, T., et al. (2021). Digital currencies: the rise of stablecoins. IMF Discussion Note, No. 21/02.
- Nakamoto, S. (2008). Bitcoin: A peer-to-peer electronic cash system.
- Raskin, M., & Yermack, D. (2016). Digital currencies, decentralized ledgers, and the future of central banking. Annual Review of Financial Economics, 8, 397-416.
- Sveriges Riksbank. (2020). The e-krona project. First interim report.
- U.S. Federal Reserve. (2021). Federal Reserve Board announces launch of the central bank digital currency (CBDC) research project.
- World Bank. (2021). The Global Findex Database 2017: Measuring Financial Inclusion and the Fintech Revolution.
- Central Bank Digital Currency: Opportunities, Challenges, and Design by Raphael Auer, Giulio Cornelli, Jon Frost, and Henry Holden (2020).
- Central Bank Digital Currency and Fintech in Asia by Douglas W. Arner, Paul P. S. Lai, and Wilson Chow (2021)
- Central Bank Digital Currency: The End of Monetary Policy As We Know It? by Dirk Niepelt (2020)
- Digital Currencies and Stablecoins: Policy, Risks, and Potential by Dong He (2020)
- The Handbook of Digital Currency: Bitcoin, Innovation, Financial Instruments, and Big Data edited by David Lee Kuo Chuen and Robert Deng (2015)
- Cryptocurrency, Blockchain, and Bitcoin: A Guide for Accounting and Business Professionals by Sean Stein Smith (2020)

- Handbook of Blockchain, Digital Finance, and Inclusion, Volume 1: Cryptocurrency, FinTech, InsurTech, and Regulation edited by David Lee Kuo Chuen and Robert H. Deng (2019)
- World Economic Forum. (2020). Central Bank Digital Currency Policy-Maker Toolkit.
- World Economic Forum. (2022). Nineteen countries in the G20 - which represents the world's largest economies - are exploring central bank digital currencies, including Japan, India, Russia and South Korea. As mentioned above, the US and UK are researching CBDCs, but have not yet committed to introducing them.
- The Economist. (2022). According to the Atlantic Council, a think-tank in Washington, DC, 89 countries making up 90% of world GDP are exploring a CBDC. The Bahamian sand dollar, the East Caribbean D Cash and...
- IMF. (2022). We know that the move towards CBDCs is gaining momentum, driven by the ingenuity of Central Banks. All told, around 100 countries are exploring CBDCs at one level or another. Some researching, some testing, and a few already distributing CBDC to the public. In the Bahamas, the Sand Dollar—the local CBDC—has been in circulation for more than a year.
- Ozili, Peterson K. (2022). Central bank digital currency research around the World: a review of literature.
- The World Bank. (2022). ECA Talk: Digital Currencies and the Challenges for Central Banks.
- Finextra. (2022). CBDCs: Here's what every central bank in the world is working on.
- CBDC Tracker - https://cbdctracker.org

Bedankt dat je dit boek tot het einde hebt gelezen. Als je ervan genoten hebt, zou ik het erg leuk vinden als je je mening achterlaat op de website waar je het boek gekocht hebt. Je feedback is erg belangrijk en helpt om dit werk toegankelijker te maken voor andere lezers. Hartelijk dank voor uw steun!

www.ingramcontent.com/pod-product-compliance
Lightning Source LLC
Chambersburg PA
CBHW071110240526
45469CB00006BD/2419